中等职业教育幼儿保育专业教材
"互联网+"新形态立体化教学资源特色教材

婴幼儿
安全照护

主　编◎林爱枝　尚承祥
副主编◎蒋新凤　陈晓玲　杨清超
参　编◎肖加琳　刘娟娟　刘　意

中国轻工业出版社

图书在版编目（CIP）数据

婴幼儿安全照护 / 林爱枝，尚承祥主编. -- 北京：中国轻工业出版社，2025.2. -- ISBN 978-7-5184-5238-5

Ⅰ.G617

中国国家版本馆CIP数据核字第2024BS6625号

责任编辑：崔丽娜　　责任终审：劳国强　　设计制作：锋尚设计
策划编辑：崔丽娜　　责任校对：朱　慧　朱燕春　　责任监印：张京华

出版发行：中国轻工业出版社（北京鲁谷东街5号，邮编：100040）

印　　刷：艺堂印刷（天津）有限公司

经　　销：各地新华书店

版　　次：2025年2月第1版第1次印刷

开　　本：787×1092　1/16　印张：9.25

字　　数：210千字

书　　号：ISBN 978-7-5184-5238-5　定价：39.80元

邮购电话：010-85119873

发行电话：010-85119832　010-85119912

网　　址：http://www.chlip.com.cn

Email：club@chlip.com.cn

版权所有　侵权必究

如发现图书残缺请与我社邮购联系调换

231981J3X101ZBW

前 言

科学、良好的婴幼儿照护服务，有利于全面提升我国人口素质，为促进经济社会高质量发展提供持续、优良的人力资本，也为持续推进托幼一体化建设、学前教育普及普惠发展和提升学前教育保教服务质量奠定基础。作为中等职业教育幼儿保育专业的学生和未来的婴幼儿照护工作者，了解并掌握婴幼儿的安全照护知识和技能，对于保障婴幼儿的成长安全具有重要意义。本教材坚持"以人为本、能力为重"的育人理念，认真践行社会主义核心价值观，积极推广"生命至上、安全第一、幼儿为本"的婴幼儿照护观念，将婴幼儿的生命安全放在首位，以促进婴幼儿的身心健康发展为关键目标，通过加强托幼服务人员的日常照顾和管理，全方位提升托幼机构工作人员的专业能力。

本教材将保育师岗位的基本要求融入教材，结合托幼机构保育老师的岗位需求，按照"理实一体化""学中做、做中学、做中教"等职业教育教学理念编写而成。本教材既可作为中等职业教育幼儿保育专业学生的专业学习教材，也可以作为保教人员的职后培训教材。在帮助学习者掌握必备的安全知识、急救技能的同时，也能更好地保护自己、帮助他人与造福社会。

本教材具有以下特色：

1. 岗课赛证融合。坚持"以岗定课、以赛促课、以证融课"的理念，在编写中精准对接托幼机构保育师的岗位需求，有效融合全国职业院校技能大赛婴幼儿保育赛项规程中保育技能实操考核要求，并根据"1+X"幼儿照护职业技能等级证书考核要求，设置渐进式课程项目内容。

2. 体现"理实一体化"。坚持遵循职业院校学生理论知识够用、职业能力适应岗位要求和个人发展要求的职业教育理念，充分考虑学生的知识背景和学习特点，体现"理实一体化"，以案例分析和实践操作的形式帮助学生了解和掌握托幼机构中的安全照护工作。

3. 任务驱动实践。针对托幼机构保教工作的实际需求，采用任务驱动的学习方式提升学生的学习兴趣和参与度，每个项目下设定的具体任务均详细描述了在特定情境下的安全照护要求和操作步骤，通过对这些具体任务的学习，使学生逐步掌握各环节的安全照护知识和技能。在清晰呈现任务的同时，结合基础知识提供实践案例，在任务实施和评估中引导学生对接未来的职业需求，使学生走上工作岗位之后能更快地适应托幼机构的保教工作。

4. 视频实操直观。针对婴幼儿常见意外伤害的应急处理相关任务，如扭伤、异物伤害、外伤出血、触电、溺水、烫伤等，录制了相应的操作视频。视频中对应急处理的讲解十分详细，各个步骤清晰明了，能够让学习者更加直观地看到具体操作流程，进一步增强学习效果，有助于学习者更好地掌握这些关键的应急处理技能，在实际应用场景中做到心中有数、操作规范。

5. 资源配套多元。配套的学习资源，可以帮助学生摆脱自学困境。以项目为引领，在教材内容中设有"知识小贴士"等实用知识，拓宽学生的学习视野；并针对实操难度大、岗位任务典型的安全照护技能，在教材中配有视频微课、习题演练等学习资源，有助于实现人人可学、处处可学、时时可学。

本教材共四个项目，涵盖了托幼园所一日生活活动安全照护，托幼园所游戏、集体教育及运动活动安全照护，婴幼儿常见意外伤害的应急处理，婴幼儿急症的应急处理，以"项目-任务"的形式构建婴幼儿安全照护的典型工作任务，每个任务均配有相应的任务概述、任务目标、岗位情景、任务探究、学习支持、实训任务、任务检测，能够满足学生自主学习的需要。

本教材具体编写分工如下：项目一由肖加琳、刘意编写；项目二由陈晓玲、杨清超、蒋新凤编写；项目三由刘娟娟、林爱枝、陈晓玲、杨清超、蒋新凤编写；项目四由林爱枝编写。希望本教材能够为中等职业教育幼儿保育专业的学生及托幼机构工作人员提供一个扎实、有效的学习工具，帮助他们在未来的工作中为婴幼儿提供一个更加安全、健康的成长环境。

本教材在编写过程中参考了国内外一些专家、学者的研究成果，在此表示衷心的感谢！由于编者编写水平有限，书中难免存在不妥之处，欢迎广大读者提出宝贵的意见，以待我们做进一步的修正与完善。

编　者

目 录

001 | 项目一
托幼园所一日生活活动安全照护

- 002　任务 1　入园活动安全照护
- 008　任务 2　饮水活动安全照护
- 013　任务 3　进餐活动安全照护
- 019　任务 4　如厕活动安全照护
- 025　任务 5　盥洗活动安全照护
- 031　任务 6　睡眠活动安全照护
- 037　任务 7　离园活动安全照护

043 | 项目二
托幼园所游戏、集体教育及运动活动安全照护

- 044　任务 1　游戏活动安全照护
- 052　任务 2　集体教育安全照护
- 059　任务 3　运动活动安全照护

066 | 项目三
婴幼儿常见意外伤害的应急处理

- 067 任务 1 扭伤的应急处理
- 072 任务 2 异物伤害的应急处理
- 092 任务 3 擦伤、扎伤的应急处理
- 102 任务 4 触电的应急处理
- 108 任务 5 溺水的应急处理
- 115 任务 6 烧烫伤的应急处理

123 | 项目四
婴幼儿急症的应急处理

- 124 任务 1 晕厥的应急处理
- 130 任务 2 高热惊厥的应急处理
- 136 任务 3 小儿癫痫的应急处理

142 | 参考文献

项目一 托幼园所一日生活活动安全照护

项目概述

托幼园所的一日生活活动包括入园、饮水、进餐、如厕、盥洗、睡眠、离园等生活活动。本项目依据"岗课赛证"融通,结合《幼儿照护职业技能等级标准》(初级)提及的"工作中具有安全风险识别与处置能力"的要求,以及《国家职业技能标准·保育师》要求:"保教人员需掌握一日生活过程安全看护要点和熟悉婴幼儿生活环境的安全要求,并能及时发现一日生活中的潜在风险和做好一日生活过程中的看护"等进行学习。

项目目标

❶ 了解婴幼儿一日生活活动中容易出现的安全隐患,理解婴幼儿一日生活活动中安全照护的要点内容。

❷ 能针对婴幼儿一日生活活动排查安全隐患,并对其常见安全隐患进行正确、科学的预防。

❸ 牢固树立"婴幼儿安全第一"的意识,不断加强关爱婴幼儿生命、保护婴幼儿健康安全的责任感。

任务 1　入园活动安全照护

🎯 任务概述

托幼园所必须将保护婴幼儿的生命和促进婴幼儿的健康放在工作首位。学习掌握婴幼儿入园安全照护的要领，具备发现婴幼儿入园安全隐患的能力，并及时、正确地处理入园的安全事故，是幼儿保教工作者的重要专项能力。

🎯 任务目标

1. 掌握婴幼儿入园活动容易出现的安全隐患。
2. 能针对入园活动排查安全隐患，并对其常见安全隐患进行正确、科学的预防。
3. 培养岗位责任意识，树立良好的入园安全意识。

🎯 知识点和技能点

- 知识点

1. 婴幼儿入园活动安全照护流程。
2. 婴幼儿入园活动安全隐患信号。
3. 婴幼儿入园活动安全照护的方法与途径。

- 技能点

1. 指导婴幼儿安全、正确地入园。
2. 排查婴幼儿入园的安全隐患。
3. 灵活应对婴幼儿入园活动出现的安全隐患。

🎯 岗位情景

情景一　入园时交接出现偏差

一天早上，某托幼园所的王老师在门口迎接婴幼儿入园的过程中，发现两位小朋友在托幼园所门口争执打闹，上前询问并制止后才得知，原来是因为孩子的家长着急上班，就把哥哥和弟弟送到园所门口，吩咐上小学的哥哥送弟弟入园，然后自行离开前往公司，俩人却因玩具起了争执。据了解，哥哥和弟弟的学校距离较近，因此该家长经常让哥哥送弟弟入园。

请根据岗位情景内容，完成任务探究中的工作表单。

任务探究

工作表单1-1-1

工作情景	入园时交接出现偏差	组别		组长	
		姓名		学号	

1. 该情景中，托幼园所门口发生了什么事情？为什么会出现这种情况？

2. 入园活动中存在哪些安全隐患？

3. 如果你是王老师，接下来你会怎么做？

岗位情景

情景二　入园时的用药交接

秋季流感阶段，班里服药的婴幼儿增多，保教人员根据服药登记表，按照时间、次数、用量等信息，分批次安排婴幼儿服药；在服药过程中，保教人员再次核对用药的信息，包括婴幼儿姓名、用药名称、药量、服用方法等，指导婴幼儿正确服用，并观察婴幼儿服用情况；服用后立即准确记录婴幼儿服药情况，并对服药婴幼儿进行全天的密切观察。

请根据岗位情景内容，完成任务探究中的工作表单。

任务探究

工作表单1-1-2

工作情景	入园时的用药交接	组别		组长	
		姓名		学号	

1. 该情景中,托幼园所发生了什么事情?为什么会出现这种情况?

2. 保教人员能否私自对婴幼儿用药?为什么?

3. 保教人员应该怎样与婴幼儿家长进行用药的交接?

学习支持

一、安全隐患

在入园活动中,常见的安全隐患包括:入园交接不到位;用药交接不明确;晨检工作不细致;室内活动分工不明。

二、应对措施

1. 明确入园交接要求

(1)认真看护婴幼儿入园,做好婴幼儿的入园考勤工作。

（2）一旦发现婴幼儿走失，立即向托幼园所领导汇报，并第一时间告知警方，请警方协助寻找。

（3）开展安全教育活动，增强婴幼儿自我保护意识，要求家长将婴幼儿交接到保教人员手中。

2. 明确用药交接要求

（1）入园晨检时要求家长必须清晰填写用药单，将用药时间、次数、剂量等信息填写清楚。

（2）妥善保管药物，防止其他婴幼儿误服。

（3）不私自与家长进行婴幼儿用药的交涉，避免发生意外事故。

3. 科学严谨地对待晨检工作

（1）晨检时及时了解婴幼儿的身体状况，观察婴幼儿的身体及情绪状态，如有异常，及时询问家长原因并有针对性地进行处理。

（2）观察婴幼儿的衣裤是否舒适，鞋子是否合脚，如不符合安全要求，及时告知家长并提醒家长更换。

（3）认真检查婴幼儿所携带的物品，如发现危险物品，可代为保管，放在固定位置，等婴幼儿离园回家时再归还给家长。

（4）通过多种形式提醒家长不要给孩子佩戴饰品挂件，不要给孩子穿带领子、帽子上有带子的衣服，在送孩子来园的路上要时刻关注孩子，不要捡拾小物品。

4. 明确室内活动分工任务

（1）在入园活动中，保教人员要做到明确分工，并做好配合与相互补位，避免个别婴幼儿被忽视，出现关注漏洞。

（2）一名保教人员负责接待家长、组织幼儿的室内活动，另一名保教人员负责协助关注室内的孩子。

三、安全教育

保教工作者应教婴幼儿学唱入园儿歌，比如：

（1）小朋友，真机灵，安全入园记得清。来园路上靠右行，十字路口红灯停。交通规则要遵守，高高兴兴入园中。

（2）爸爸妈妈去上班，我上幼儿园，我不哭，也不闹，叫声老师好。

（3）太阳出来眯眯笑，小朋友们上学校。见了老师问声好！见了同伴把手招。讲文明、懂礼貌，我们都是好宝宝。

四、基本职责

在入园活动中保教工作者应具备的基本职责包括以下几点：

（1）开窗通风，保持空气流通。根据季节提前做好防寒保暖、防暑降温工作。

（2）室内外清洁做到"六净"：地面、桌椅、门窗、玩具柜、口杯架、毛巾架保持整洁。

（3）做好当日餐巾、口杯、洗脸巾的消毒工作，口杯、洗脸巾定位放置。

（4）做好早餐准备。

（5）准备好当日足量的、温度适宜的饮用水（400~600毫升/人/日）。

小贴士

晨检牌：不同托幼园所使用的晨检牌会有所不同。通常情况下，托幼园所使用的晨检牌，绿色代表健康，红色代表婴幼儿带药，黄色代表婴幼儿有不适之处，保教工作者需要多加关注。

实训任务

模拟托幼园所入园流程。

任务检测

一、知识检测

1. 单项选择题

（1）药品登记中的注意事项：家长必须在服药登记表上认真填写婴幼儿（　　）、所带药品名称、服用时间、服用剂量、服用方法及服药注意事项，并签署家长姓名，向保教人员交代婴幼儿情况。

　　A. 标记　　　　　B. 年龄　　　　　C. 姓名　　　　　D. 性别

（2）园所门卫应对进出园所的外来人员携带的物品进行登记，对可疑物品进行查验，严禁携带（　　）、管制刀具等危害物品进入园所。

　　A. 食物　　　　　B. 水果　　　　　C. 易燃、易爆　　　D. 剧毒

（3）关于婴幼儿用药，以下说法错误的是（　　）。

　　A. 保教人员必须仔细核对《儿童带药登记表》上婴幼儿的姓名、药名

　　B. 对服药婴幼儿进行全天的密切观察

　　C. 家长可以私下向保教人员委托用药

　　D. 离园时向家长详细介绍婴幼儿身体情况

（4）晨间检查是在婴幼儿晨初入园时的检查，主要目的是了解婴幼儿健康状况，检查卫生情况和（　　），做到早发现、早报告、早隔离、早治疗、早预防。

　　A. 询问婴幼儿在家的饮食情况　　　　B. 检查婴幼儿有没有修剪手指甲

　　C. 检查婴幼儿有无携带手帕　　　　　D. 发现引发危险的因素

2. 多项选择题

（1）（　　）是晨检的必需品。

A. 晨检牌，记录本　　　　　　　　B. 听诊器，血压计

C. 压舌板，体温表　　　　　　　　D. 体温表，记录本

（2）为了防止婴幼儿走失，保教人员应该做到（　　）。

A. 做好考勤工作，及时清点人数

B. 开展安全教育活动，提高婴幼儿的自我保护能力

C. 家园共育，指导家长告知孩子回家路线、家人电话号码及求助电话

D. 随便找一个身边的成人帮忙

3. 填空题

（1）晨检的步骤：

一问：_____。

二看：_____。

三摸：_____。

四查：_____。

（2）保教人员对于带药的婴幼儿要和家长进行交流，要看一下_____，如有问题直接向家长询问。同时，让家长填好_____。

（3）保教人员对晨间检查时发现的问题应_____。

二、能力运用

1. 模拟托幼园所晨检流程。

2. 你能运用哪些方式进行入园安全教育？试举例说明。

任务 2　饮水活动安全照护

任务概述

饮水直接关系着婴幼儿的身体健康。婴幼儿饮水时易出现烫伤、呛咳等安全事故，因此指导婴幼儿正确饮水是保障婴幼儿健康成长不可或缺的一环。掌握婴幼儿饮水活动的安全要领，并及时处理婴幼儿饮水时发生的事故，是幼儿保教工作者的重要专项能力。

任务目标

1. 掌握婴幼儿饮水活动容易出现的安全隐患。
2. 能针对饮水活动排查安全隐患，并对其常见安全隐患进行正确、科学的预防。
3. 树立婴幼儿健康饮水理念，具备关爱、呵护婴幼儿安全饮水的意识。

知识点和技能点

• 知识点

1. 婴幼儿饮水活动安全照护流程。
2. 婴幼儿饮水活动安全隐患信号。
3. 婴幼儿饮水活动安全照护的方法与途径。

• 技能点

1. 协助婴幼儿安全、正确地饮水。
2. 排查婴幼儿饮水的安全隐患。
3. 灵活应对婴幼儿饮水活动出现的安全隐患。

岗位情景

情景一　饮水时排队拥挤

午睡起床后，中一班张老师组织幼儿集中饮水。阳阳和佳佳等几位小朋友接完水后就站在接水区域，边喝水边高兴地讨论着今天上午李老师讲的绘本《母鸡萝丝去散步》故事内容，结果佳佳被阳阳逗笑发生呛咳。其他小朋友听到后也都围了过来，不一会儿，饮水机旁边就挤满了小朋友。此时俊俊刚好接满一杯水，被旁边围观的小朋友不小心挤翻摔倒了，水都洒在了地上。

请根据岗位情景内容，完成任务探究中的工作表单。

任务探究

工作表单1-2-1

工作情景	饮水时排队拥挤	组别		组长	
		姓名		学号	
安全隐患		产生原因		应对措施	
该情景中还存在哪些安全隐患？					

岗位情景

情景二　喝水时被开水烫伤

近日，4岁的小霖在幼儿园喝水时被开水烫伤。幼儿园表示，水是幼儿自带的，所以园方的责任不大，支付了400多元的医药费后便不再管了。但孩子家长认为，老师在给孩子喝水时，应该先试一试水热不热，然后再给孩子喝，毕竟孩子是在幼儿园里受的伤，幼儿园负有责任。小霖妈妈表示，孩子受伤后，她在家照顾孩子，没有去上班，幼儿园还应该支付一定的营养费和误工费。

请根据岗位情景内容，完成任务探究中的工作表单。

任务探究

工作表单1-2-2

工作情景	喝水时被开水烫伤	组别		组长	
		姓名		学号	
安全隐患		产生原因		应对措施	

该情景中还存在哪些安全隐患?

学习支持

一、安全隐患

在饮水活动中,常见的安全隐患包括:饮水拥挤、嬉戏打闹、打湿衣物;婴幼儿自主饮水温度过高或饮水量不适宜;饮水不卫生。

二、应对措施

1. 组织婴幼儿有序饮水

(1)组织婴幼儿排队、轮流饮水。

(2)在饮水过程中加强观察,提醒婴幼儿有序饮水,避免打湿衣物。

(3)保持地面干燥,以免婴幼儿滑倒摔伤。

(4)敏锐捕捉可能发生事故的苗头(如嬉戏打闹),及时制止,做到"放手不放眼,放眼不放心"。

(5)教育婴幼儿饮水时不边走边喝,不打闹,不说笑。

2. 婴幼儿自主饮水要点

（1）全天为婴幼儿提供温度适宜的饮用水。

（2）检查婴幼儿自带饮用水的水温，避免水温过高。

（3）观察婴幼儿饮水量情况，提醒婴幼儿适量饮水。

3. 饮水卫生要求

（1）教会新入园的婴幼儿认识自己的水杯，做到专人专用。

（2）经常对婴幼儿使用的水杯进行消毒，保证饮水物品干净卫生。

（3）教育婴幼儿养成喝白开水的习惯，杜绝饮用生水、冷水，以免造成肠胃不适。

三、安全教育

保教工作者应教婴幼儿学唱饮水顺口溜，比如：

（1）排好队，去喝水，先他人，后自己。取到杯，再接水，喝多少，接多少，慢慢喝，别呛着，安全饮水很重要。

（2）多喝水，不生病。自己杯，自己用。节约水，好宝贝。

（3）小杯子，手中拿，水儿清清接满啦。多喝水，不生病，小手端平水不洒。

四、基本职责

在饮水活动中保教工作者应具备的基本职责包括以下几点：

（1）提醒、帮助婴幼儿安全有序地取水和取放水杯。

（2）引导和帮助婴幼儿按需饮水。提醒有特殊需要的婴幼儿多饮水。

（3）保温桶每天清洗，婴幼儿个人专用饮水杯每天清洗并消毒一次。

实训任务

模拟托幼园所饮水流程。

任务检测

一、知识检测

1. 选择题

（1）婴幼儿的一日生活活动非常重要，其中容易被忽视的生活活动是（　　）。

A．入园　　　　　　　　　　B．睡眠

C．饮水　　　　　　　　　　D．如厕

（2）哪些婴幼儿需要增加饮水量？（　　）

A．出现上呼吸道感染、腹泻的婴幼儿

B．出汗量大及户外活动后的婴幼儿

C. 经常感到口渴的婴幼儿

D. 以上说法都正确

（3）培养婴幼儿主动喝水的习惯，主要包括（　　）。

A. 按时提醒婴幼儿喝水，每次尽可能喝足量

B. 帮助婴幼儿学会主动饮水（渴了就喝）

C. 多提醒体质差、易感冒、患病初愈的婴幼儿饮水

D. 以上都是

（4）婴幼儿对水的需求量主要取决于（　　）。

A. 气温　　　　　　　　　　B. 食物的质与量

C. 活动量　　　　　　　　　D. 以上都是

（5）保教人员为婴幼儿准备饮水量的主要依据之一是（　　）。

A. 班内的人数　　　　　　　B. 气温

C. 营养员的要求　　　　　　D. 教师的要求

（6）婴幼儿饮水的卫生要求是（　　）。

A. 洗手后用自己的杯子　　　B. 小口尝试，避免烫嘴

C. 不要说笑，防止呛咳　　　D. 以上都是

（7）关于饮水过程中的安全照护，下列说法错误的是（　　）。

A. 保持地面干燥，保教人员应经常打扫，保持地面干净

B. 提醒婴幼儿排队，不推挤，不打闹

C. 应充分放手，培养婴幼儿的生活自理能力

D. 敏锐捕捉可能发生事故的苗头，及时制止

2. 填空题

（1）婴幼儿喝水时要用自己的杯子喝水，喝水时不能_____。

（2）幼儿园应_____给婴幼儿饮水，为婴幼儿饮水提供便利条件。

（3）保教人员每天早上要清洗水桶，根据_____和_____等情况准备好足量的温开水。

二、能力运用

1. 某托幼园所由于保教人员看护时出现了工作疏忽，导致2岁半的女童因接触到园所饮水机内流出的热水而被烫伤。医院的诊断结果是左手掌背侧、左前臂远端2%皮肤的深Ⅱ度烫伤。这起案件以家长起诉幼儿园，由幼儿园赔偿损失而结束。试分析该案例中发生了什么事故？事故发生的原因是什么？应该如何避免此类事故的发生？

2. 你能运用哪些方式进行饮水安全教育？试举例说明。

任务 3 进餐活动安全照护

任务概述

进餐是一日生活中非常重要的活动，不仅关系到婴幼儿的生长发育，还关系到婴幼儿的健康安全。掌握婴幼儿进餐安全照护的要领，培养婴幼儿良好的进餐习惯及安全意识，是幼儿保教工作者的重要专项能力。

任务目标

1. 掌握婴幼儿进餐活动容易出现的安全隐患。
2. 能针对进餐活动排查安全隐患，并对其常见安全隐患进行正确、科学的预防。
3. 建立高度的责任心，具备系统、科学的营养观。

知识点和技能点

- 知识点

1. 婴幼儿进餐活动安全照护流程。
2. 婴幼儿进餐活动安全隐患信号。
3. 婴幼儿进餐活动安全照护的方法与途径。

- 技能点

1. 帮助婴幼儿安全、正确地进餐。
2. 排查婴幼儿进餐活动的安全隐患。
3. 灵活应对婴幼儿进餐活动中出现的安全隐患。

岗位情景

情景一 进餐时食物误入气管

某幼儿在托幼园所吃饭时食物误入气管，送医后不治身亡。通过监控视频注意到，从呛饭到保教人员发现，其间过了40多秒。在此过程中，另一名保教人员从呛饭幼儿身边经过时也没发现异常。经过教育部门的介入调查，涉事保教人员已暂停工作。至于该保教人员是否存在失职行为，需要由法院来判决。

请根据岗位情景内容，完成任务探究中的工作表单。

🔄 任务探究

工作表单1-3-1

工作情景	进餐时食物误入气管	组别		组长	
		姓名		学号	

1. 该情景中，托幼园所发生了什么事情？为什么会出现这种情况？

2. 如何避免此类安全事故发生？

3. 进餐活动中还存在哪些安全隐患？

🔄 岗位情景

情景二 预防食物过敏策略

某托幼园所针对过敏体质的孩子，建立档案并设计了"代餐食谱"，用有相同营养价值的食物替代过敏食物，受到家长们的广泛好评。该园小一班的幼儿哲哲患有咳喘，经医生诊断，哲哲属于过敏体质，鸡蛋、牛奶、鸡肉等食物都不能吃，不然就可能诱发咳喘，皮肤还会红痒、长疹子，为了规避过敏食物，哲哲的父母计划给孩子每天送餐。

园方得知后，主动向家长提出可以给孩子单独做代餐，避免孩子摄入过敏食物。

该园负责人表示，除了哲哲外，园所在其他班级也做过详细调查，会给过敏孩子建档，设计代餐，"全园有10人对鸡蛋过敏，9人对牛奶过敏，海鲜过敏的有6人，还有个别孩子对火龙果、菠萝等食物过敏"。对牛奶过敏的孩子园所会用豆奶代替，对鸡蛋过敏的孩子会用肉类和谷类食物代替，对海鲜过敏的孩子会用鸡肉、牛肉代替。在孩子体质能够接受的同时保证了孩子营养的均衡。

请根据岗位情景内容，完成任务探究中的工作表单。

任务探究

工作表单1-3-2

工作情景	预防食物过敏策略	组别		组长	
		姓名		学号	

1. 该托幼园所针对食物过敏的婴幼儿，采取了哪些措施？

2. 容易导致婴幼儿过敏的常见食物有哪些？

3. 对于食物过敏的婴幼儿，为何要特殊照顾？

学习支持

一、安全隐患

在进餐活动中，常见的安全隐患包括：餐前组织不当；餐中护理不细致；食物过敏或中毒；餐后工作疏忽。

二、应对措施

1. 有序组织餐前活动

（1）餐前半小时，不组织婴幼儿剧烈活动。
（2）稳定婴幼儿情绪，餐前播放轻音乐或舒缓旋律。
（3）做好餐桌、餐具清洁工作，做到干净、卫生。
（4）帮助婴幼儿养成餐前洗手的卫生习惯。

2. 餐中细致、耐心处理

（1）指导婴幼儿正确使用勺或筷子，不拿着餐具走动、打闹，不含咬餐具。
（2）组织婴幼儿安静进餐，吃饭过程中不说笑、不乱跑，注意安全。
（3）对待吃饭速度慢的婴幼儿，要耐心、细心地指导，不要呵斥，以免婴幼儿产生紧张、反感的情绪，造成厌食、畏食。
（4）对于吃饭速度过快的婴幼儿，及时提醒其细嚼慢咽，避免呛咳。
（5）引导婴幼儿不接近过热的饭、菜、汤，以防烫伤。
（6）避免引逗婴幼儿大笑或恐吓婴幼儿，导致食物吸入气管引起窒息。

3. 科学预防食物过敏或中毒

（1）提前检查婴幼儿的食品有无变质。
（2）关注对食物过敏的婴幼儿，进餐前对照调整。

4. 重视餐后安全、卫生清洁工作

（1）协助做好回收餐具、扫地等工作。
（2）引导婴幼儿养成饭后漱口的良好习惯。
（3）组织婴幼儿餐后散步活动。

三、安全教育

保教工作者应培养婴幼儿阅读进餐习惯养成绘本，比如：《我自己吃饭》《我会好好吃饭》《肚子里有个小火车》等。

四、基本职责

在进餐活动中保教工作者应具备的基本职责包括以下几点：

（1）分餐前洗净双手，用消毒水擦桌子，备好漱口水。

（2）指导值日生做好餐前准备工作。

（3）提供的食物温度适中；使用食品夹或消毒筷分发餐点；除冬季外均应做到分盘，随到随分；不给婴幼儿汤泡饭。

（4）掌握婴幼儿进食情况，鼓励婴幼儿吃饱，不暴饮暴食。

（5）督促指导婴幼儿餐后擦嘴、漱口。

（6）进餐结束后再打扫桌面、地面，清洗餐巾并消毒。

小贴士

学前儿童饮食"五原则"：

（1）主动参与食物选择和制作，提高营养素养；

（2）吃好早餐，合理选择零食，培养健康饮食行为；

（3）每天喝奶，足量饮水，不喝含糖饮料，禁止饮酒；

（4）多户外活动，少视频时间，每天60分钟以上的中高强度身体活动；

（5）定期监测体格发育，保持体重适宜增长。

实训任务

模拟托幼园所进餐流程。

任务检测

一、知识检测

1. 单项选择题

（1）大班幼儿进餐时，下列哪种是保教人员的常规做法？（　　）

A. 观察幼儿进餐情况，提醒幼儿安静进餐、文明进餐

B. 有计划地组织幼儿餐后散步、看书等安静活动

C. 盛饭动作轻，根据幼儿进食量盛适量的饭菜

D. 指责幼儿吃饭太慢

（2）婴幼儿进餐完毕后，（　　）分钟内不得立即进行剧烈活动。

A. 30　　　　　B. 20　　　　　C. 10　　　　　D. 15

（3）进餐后要用（　　）的拖把拖干净地面，将所有餐具、工具都带离教室。

A. 全干　　　　B. 半干半湿　　　C. 全湿　　　　D. 挤干

（4）婴幼儿夏天的饮食宜（　　），冬天可以选用一些（　　）的食物。

A. 清淡，高热量　　　　　　　　B. 清淡，滋补

C. 低热量，高热量　　　　　　　D. 清凉，滋补

（5）婴幼儿两餐之间应间隔（　　）小时左右。

A．2　　　　　　B．3　　　　　　C．4　　　　　　D．5

2．多项选择题

（1）为避免进餐过程中婴幼儿烫伤，以下做法正确的是（　　）。

A．饭菜进班后，保教人员应检查饭菜温度是否适宜

B．保教人员为婴幼儿添饭、添菜时，禁止从婴幼儿头顶、身体上方传递

C．可以让婴幼儿端饭、端汤，但要维持好秩序

D．保教人员应教会婴幼儿尝试饭菜温度的方法

（2）以下哪种情况容易造成婴幼儿异物卡喉？（　　）

A．婴幼儿情绪不佳，进餐中哭闹　　B．婴幼儿进餐过程中嬉戏打闹

C．保教人员在婴幼儿进餐过程中催饭　　D．以上情况均会

3．填空题

（1）培养婴幼儿良好的饮食习惯，进餐时应_____，不能说笑、打闹，以防食物吸入_____。

（2）小班幼儿_____吃带较大刺的鱼或鸡腿。

（3）清洗餐具、用具时，必须在专用水池内进行。煮沸、蒸汽消毒，保持_____摄氏度运作_____分钟。

二、能力运用

1．在中大班阶段，幼儿的自主性发展到了关键期，学习、认知能力也大大提高。他们的自主性需求在不断提高，对于喜欢吃什么、吃多少都会有自己的主张，对于与哪些小朋友一起进餐、在哪张桌子上进餐，都有不同的心理需求。分析一下此年龄段的幼儿在进餐活动有哪些突出问题？这些问题应该怎样有效解决？

2．你能运用哪些方式进行进餐安全教育？试举例说明。

任务 4　如厕活动安全照护

任务概述

如厕是婴幼儿生理需求所必需的，在该活动中，若管理不善、要求不严、措施不到位，加上婴幼儿自我管控能力差，多有安全事故发生。所以，关注婴幼儿如厕活动的安全，积极采取相应对策，消除安全隐患，是幼儿保教工作者的重要专项能力。

任务目标

1. 掌握婴幼儿如厕活动容易出现的安全隐患。
2. 能针对如厕活动排查安全隐患，并对其常见安全隐患进行正确、科学的预防。
3. 关心爱护婴幼儿，培养吃苦耐劳、坚韧不拔的精神。

知识点和技能点

- 知识点

1. 婴幼儿如厕活动安全照护流程。
2. 婴幼儿如厕活动安全隐患信号。
3. 婴幼儿如厕活动安全照护的方法与途径。

- 技能点

1. 指导婴幼儿安全、正确地如厕。
2. 排查婴幼儿如厕活动的安全隐患。
3. 具备细致入微的观察力、灵活的应对力。

岗位情景

情景一　集体如厕引发便溺

某幼儿园为了培养幼儿良好的大小便习惯，每天午饭后都会督促幼儿轮流如厕，再洗手上床睡觉。该幼儿园认为小班幼儿性别意识还不显著，因此小班幼儿不分性别可同时如厕；中、大班幼儿已经有了明显的性别意识，因此男生、女生单独两间厕所轮流如厕。某天中午，在排队如厕过程中，中班的浩浩因有点胆小，想要大小便却不敢上前主动告知王老师，两腿紧紧地夹着，小脸憋得通红，只能在原地继续排队等待，直到轮到他时，王老师发现他已经便溺在裤子上。

请根据岗位情景内容，完成任务探究中的工作表单。

🎯 任务探究

工作表单1-4-1

工作情景	集体如厕引发便溺	组别		组长	
		姓名		学号	

1. 该情景中，幼儿园发生了什么事情？为什么会出现这种情况？

2. 如果你是王老师，接下来你会如何处理？

3. 你会如何避免此类事件的发生？

🎯 岗位情景

情景二　识别如厕安全隐患

　　一天，幼儿小花正在教室画画，突然小肚子咕噜噜一阵响，小花皱了皱小眉头，马上放下手中的彩笔，举起小手跟张老师报告："老师，我想上厕所。"张老师温柔地点点头。

　　小花快速向厕所走去。一进厕所门，她先看了看周围，确定没有其他人后，开始解自己的小裙子。小花努力地把裙子后面的扣子解开，然后慢慢拉下侧边的拉链。接着，她小心翼翼地脱下小内裤，蹲在马桶上。上完厕所后，小花从旁边的纸筒里抽出卫生纸，轻轻地擦拭干净。

擦完后,小花站起身,先把小内裤提好,整理平整,再把小裙子拉起来,仔细地把拉链拉上,又努力地把扣子扣好。整理好衣服,小花走到洗手池边,打开水龙头,用小手接了点水,先把手心搓一搓,再搓搓手背,还不忘把手指缝也洗得干干净净。洗完后,小花关上水龙头,甩了甩手上的水珠,然后拿起旁边的小毛巾将手擦干。

这时,小花像个完成了重大使命的小英雄一样,脸上露出开心的笑容,蹦蹦跳跳地回到教室,继续投入她的画画世界中。

请根据岗位情景内容,完成任务探究中的工作表单。

任务探究

工作表单1-4-2

工作情景	识别如厕安全隐患	组别		组长	
		姓名		学号	
安全隐患		产生原因		应对措施	

该环节还存在哪些安全隐患?

学习支持

一、安全隐患

在如厕活动中,常见的安全隐患包括:如厕规则不明确;如厕安全意识不强;如厕环境布置不合理。

二、应对措施

1. 明确如厕规则要求

（1）引导婴幼儿文明如厕，不打闹、不争抢。

（2）组织婴幼儿排队如厕，让男孩女孩分组进行。

（3）注重如厕常规培养，教婴幼儿脱裤子、提裤子、便后擦屁股的正确方法。

（4）引导婴幼儿将用完的手纸放入纸篓。

（5）养成便后洗手并及时关好水龙头的习惯。

（6）为能力弱的婴幼儿擦净大便并及时清洗手，防止交叉污染。

2. 加强如厕安全意识

（1）保教人员要站在盥洗室、卫生间交界处，合理站位。

（2）制定如厕常规，将图示张贴于墙面，加强对婴幼儿如厕的正确引导。

（3）开展如厕安全事故预防主题活动。

3. 合理布置如厕环境

（1）保持如厕环境卫生整洁，地面干燥，避免婴幼儿滑倒摔伤。

（2）将清洁物品放到指定位置，如洗涤剂、消毒品放置在合理位置。

三、安全教育

（1）保教工作者可以引导婴幼儿观看一些如厕好习惯养成动画片，比如：《宝宝巴士—学会自己上厕所》《咕力咕力—如厕训练》等。

（2）保教工作者可以培养婴幼儿阅读一些如厕习惯养成绘本，比如：《便便超人》《我会上厕所了》《屁屁工厂》等。

四、基本职责

在如厕活动中保教工作者应具备的基本职责包括以下几点：

（1）准备好手纸，方便婴幼儿随时取用，督促婴幼儿便后用流动水洗手。

（2）帮助有困难的婴幼儿擦屁股、整理服装。

（3）及时为遗尿的婴幼儿更换衣物。

（4）保持厕所清洁、通风，做到干爽、无异味。

（5）使用蹲式厕所。便后立即清洗、消毒。

 小贴士

观察婴幼儿大便，了解其身体状况：

（1）绿便：铁元素吸收不完全、受凉、乳糖摄入过多等。

（2）泡沫便：糖代谢不完全，奶中糖分过多。

（3）黑色条状物：一般与饮食有关，如吃了香蕉、火龙果等食物。

（4）蛋花汤样：一般以病毒性肠炎较多，需取样化验。

（5）豆腐渣样：黄绿色带黏液稀便，有时豆腐渣样，一般以霉菌性肠炎较多。

（6）鲜红血便：表示出血的部位离肛门近，与肛门裂伤有关，需取样化验。

（7）暗红色：肠道有不正常组织与息肉，不正常出血，肠道内细菌和血红素发生作用，应立即就医。

（8）黑色：一般为消化道出血，应排除没有添加含铁剂及含铁的食物情况，需立即就医。

（9）灰白色：胆道阻塞，应立即就医。

实训任务

模拟托幼园所如厕流程。

任务检测

一、知识检测

1. 选择题

（1）婴幼儿排便后，保教人员不正确的护理工作是（　　）。

A. 让婴幼儿自己擦臀部　　　　　　B. 帮助和指导婴幼儿提好裤子

C. 对便池及时清洗、消毒　　　　　D. 观察婴幼儿大小便有无异常

（2）对婴幼儿便秘的处理方法正确的是（　　）。

A. 培养良好的饮食习惯　　　　　　B. 加大运动量

C. 保教人员正确对待婴幼儿排便　　D. 养成良好的排便习惯

（3）以下不能体现婴幼儿如厕活动保育工作重要性的是（　　）。

A. 使婴幼儿养成与如厕有关的文明习惯　　B. 发现异常大小便

C. 预防疾病　　　　　　　　　　　　　　D. 及时代谢废物，有利于消化吸收

（4）保教人员要培养婴幼儿排便时不吃东西、不玩耍、小便次数不过于频繁的习惯和能力。（　　）以内的婴幼儿不宜用蹲式厕所。

A. 3岁　　　　　　　　　　　　　　B. 4岁

C. 5岁　　　　　　　　　　　　　　D. 6岁

（5）以下是保教人员在婴幼儿如厕时的护理要点，其中不正确的是（　　）。

A. 分小组进行，每组时间为5~10分钟　　B. 注意膝、腰、腹部的保暖

C. 打扫厕所　　　　　　　　　　　　　　D. 帮助、照顾、观察婴幼儿

（6）保教人员应根据多种因素提醒婴幼儿大小便，不需要考虑的因素是（　　）。

A．按规定时间安排大小便　　　　　B．婴幼儿的年龄

C．大小便间隔的时间　　　　　　　D．情绪、饮食和气候

（7）在组织婴幼儿如厕的过程中，保教人员应该帮助（　　）。

A．速度快的婴幼儿　　　　　　　　B．会穿脱裤子的婴幼儿

C．不会穿脱裤子的婴幼儿　　　　　D．速度慢的婴幼儿

（8）培养婴幼儿良好的排便卫生习惯是让婴幼儿做到（　　）。

A．随意排便　　　　　　　　　　　B．控制排便时间

C．定时排便　　　　　　　　　　　D．以上都是

2．判断题

（1）对于1.5岁的婴幼儿，保教人员要培养其用声音、动作表示大小便的能力，同时这一年龄段的婴幼儿可逐渐不用尿不湿。（　　）

（2）婴幼儿大小便时，保教人员可以边打扫厕所边照看指导。（　　）

二、能力运用

1．游戏活动刚一结束，丁丁和乔乔就飞奔着冲进卫生间。进入卫生间之后，两人因争抢便位发生争执，互不相让。其实卫生间还有很多空便位，可两个人偏要抢靠近窗子的空便位。不一会儿，俩人由争吵上升到了打架。体格较壮的丁丁凭借身体优势试图把乔乔挤到一边，但由于用力过大，导致乔乔摔倒在地，头磕在台阶上，乔乔因疼痛而哭了起来。针对这种情况，作为保教人员，你认为应该提供哪些有效的帮助和指导？

2．你能运用哪些方式进行如厕安全教育？试举例说明。

任务 5　盥洗活动安全照护

任务概述

盥洗活动是婴幼儿一日生活中频繁出现的活动，婴幼儿饭前饭后、活动前后、便前便后都要进入盥洗室，抓好对婴幼儿盥洗的常规训练与安全意识培养，确保婴幼儿的安全，是幼儿保教工作者的重要专项能力。

任务目标

1. 掌握婴幼儿盥洗活动容易出现的安全隐患。
2. 能排查盥洗活动中的安全隐患，并对其常见安全隐患进行正确、科学的预防。
3. 树立科学的卫生理念，具备"婴幼儿为本"的意识。

知识点和技能点

• 知识点

1. 婴幼儿盥洗活动安全照护流程。
2. 婴幼儿盥洗活动安全隐患信号。
3. 婴幼儿盥洗活动安全照护的方法与途径。

• 技能点

1. 指导婴幼儿安全、正确地盥洗。
2. 排查婴幼儿盥洗活动的安全隐患。
3. 灵活应对婴幼儿盥洗活动中出现的安全隐患。

岗位情景

情景一　地面湿滑引发跌倒事故

大一班的户外活动后，李老师组织幼儿进入盥洗室，亮亮第一个冲入盥洗室洗手，由于水龙头开太大，水一下子喷了出来，亮亮的衣服被打湿，同时水也溅到豆豆的衣服上。豆豆认为亮亮是故意的，就用手拍水池里的水，让水也溅到亮亮身上，就这样，盥洗室的地面弄得到处都是水。随着其他小朋友陆续进入盥洗室，由于地面湿滑，佳佳没有站稳，一下就摔倒了。

请根据岗位情景内容，完成任务探究中的工作表单。

任务探究

工作表单1-5-1

工作情景	地面湿滑引发跌倒事故	组别		组长	
		姓名		学号	

1. 该情景中，幼儿园发生了什么事情？为什么会出现这种情况？

2. 如果你是李老师，接下来你会如何处理？

3. 在盥洗活动中还可能存在哪些安全隐患？

岗位情景

情景二 协助婴幼儿正确洗手，预防疾病

天气转凉，昼夜温差逐渐加大，不少秋冬季节性疾病也进入了高发期。某托幼园所非常重视手足口病的预防工作，每天都坚持做好晨检和午检工作。老师还利用平时的教学，让孩子很好地认识手足口病是怎样发生的，以及手足口病的危害性，引导婴幼儿在老师的指导下，使用正确的洗手方法去洗手，教婴幼儿五句口诀：洗净手、喝开水、吃熟食、多通风、晒衣被。

请根据岗位情景内容，完成任务探究中的工作表单。

🔄 任务探究

工作表单1-5-2

工作情景	协助婴幼儿正确洗手，预防疾病	组别		组长	
		姓名		学号	

1. 该情景中，为了预防手足口病，该园所做了哪些措施？

2. 请写出正确的洗手步骤。

3. 引导婴幼儿洗手过程中需要注意哪些安全事项？

🔄 学习支持

一、安全隐患

在盥洗活动中，常见的安全隐患包括：盥洗前组织不当；安全检查不到位；盥洗室地面湿滑；洗手时嬉戏打闹；洗手不彻底。

二、应对措施

1. 有序组织盥洗前活动

（1）根据盥洗室的空间大小组织婴幼儿分组进行，防止拥挤。

（2）保教人员要站在盥洗室、卫生间交界处，合理站位，不能脱岗、离岗。

（3）在洗手池的地面上做标记控制线，提示婴幼儿等候时不要拥挤。

（4）发挥墙面环境育人功能，张贴有序排队洗手的图示。

2. 安全检查细致、全面

（1）将清洁物品放到指定位置，如洗涤剂、消毒品放置在合理位置。

（2）时刻关注地面湿滑的情况。

（3）帮助自理能力薄弱的婴幼儿挽袖洗手、擦肥皂。

3. 避免盥洗室地面湿滑

（1）保持盥洗室环境卫生整洁，地面干燥。

（2）盥洗室地面铺设防滑镂空垫，避免婴幼儿因水渍而滑倒摔伤。

（3）言语提示婴幼儿将水龙头开小，并及时擦地。

4. 重视洗手习惯培养

（1）教育婴幼儿不玩水、不浸湿衣服和地面，注意安全。

（2）教会婴幼儿正确使用水龙头，不能用力过大。

（3）教育婴幼儿洗手后及时关紧水龙头，养成节约用水的好习惯。

5. 加强洗手安全卫生教育

（1）制定洗手常规，将七步洗手法的正确步骤张贴于墙面，引导婴幼儿正确洗手。

（2）言语提示婴幼儿洗手后及时将手擦干。

三、安全教育

保教工作者可以教婴幼儿学唱盥洗好习惯养成儿歌，比如：

（1）小朋友，来洗手，卷起袖，淋湿手，抹上肥皂搓呀搓，清清水里冲一冲，再用毛巾擦一擦，我的小手真干净。

（2）卷卷袖口湿湿手，擦擦肥皂搓搓手，冲冲干净甩甩手，再用毛巾擦擦手。

（3）打开龙头冲一冲，肥皂上面摸一摸。手心手背搓一搓，轻轻水下洗一洗。关掉龙头甩一甩，拿条毛巾擦一擦。

保教工作者可以培养婴幼儿阅读盥洗习惯养成绘本，比如：《根本就不脏嘛》《我不再吃手了》《洗手大作战》等。

四、基本职责

在盥洗活动中保教工作者应具备的基本职责包括以下几点：

（1）做好盥洗准备，保证婴幼儿用流动水洗手，用消毒毛巾洗脸。为全托婴幼儿准备好早晨、晚上的盥洗用具及盥洗用水。

（2）保持婴幼儿衣着的清洁干爽。

（3）根据季节定期为全托婴幼儿洗头、洗澡。定期为全托婴幼儿更换衣、裤、袜。

小贴士

为什么要培养婴幼儿正确洗手的习惯？

（1）清水洗手远远不足以洗去细菌。

（2）用肥皂或洗手液洗手有助于预防多种威胁婴幼儿生命的病菌侵害。

（3）婴幼儿洗手的关键时刻包括：饭前便后、玩玩具后、接触食物前。

（4）正确洗手是最价廉、最简单的健康干预。

实训任务

模拟托幼园所盥洗流程。

任务检测

一、知识检测

1. 选择题

（1）指导婴幼儿洗手的顺序是（　　）。

A．卷袖—冲水—擦肥皂

B．擦肥皂—搓—冲

C．卷袖—冲湿手—擦肥皂—搓洗—冲干净—甩几下—用毛巾擦手

D．擦肥皂—冲洗—擦干

（2）对于2岁的婴幼儿，不可以培养其自己（　　）。

A．洗手　　　　B．洗脸　　　　C．洗澡　　　　D．擦鼻涕

（3）对于盥洗室的安全卫生，一定要做到（　　）。

A．防烫伤　　　B．防滑倒　　　C．防着凉　　　D．以上都是

（4）很多小班幼儿的手总是洗不干净，作为保教老师，以下哪种方法是不恰当的（　　）。

A．拍摄录像，回放幼儿错误的做法　　B．对不会洗手的幼儿进行专门指导

C．在班级墙面张贴洗手的正确步骤　　D．监督幼儿洗手，及时指正

（5）年龄较小的婴幼儿盥洗时，保教人员可以采取的最好的指导方式是（　　）。

A．边示范边讲解　　B．讲解　　　　　C．示范　　　　　D．图示法

（6）婴幼儿洗手时，不要准备（　　）。

A．肥皂　　　　　　B．替换衣服　　　C．消毒毛巾　　　D．流动水

2．判断题

（1）组织婴幼儿盥洗时，要维持好秩序，每次进盥洗室的人数以10~12人为宜。（　　）

（2）婴幼儿盥洗时必须注意安全保育，要做到"三防"，即防烫伤、防滑倒、防着凉。（　　）

（3）婴幼儿盥洗时，保教人员的指导方式是循序渐进、不包办代替，并反复指导练习。（　　）

二、能力运用

1．年龄较小的婴幼儿面对低矮的盥洗设施，总是充满好奇。他们喜欢打开水龙头洗手，在盥洗池边玩水、游戏，表现得非常兴奋。由于经验不足、方法欠缺等原因，年龄较小的婴幼儿在愉快的盥洗中会出现很多问题。作为保教人员，你可以为他们提供哪些有效的帮助和指导？

2．你能运用哪些方式进行盥洗安全教育？试举例说明。

任务 6　睡眠活动安全照护

任务概述

睡眠活动是婴幼儿一日生活中的静态活动，保教人员是否能够妥善组织管理婴幼儿睡眠，直接关系到婴幼儿的健康。培养婴幼儿良好的睡眠习惯以及睡眠安全意识，是幼儿保教工作者的重要专项能力。

任务目标

1. 掌握婴幼儿睡眠活动容易出现的安全隐患。
2. 能针对睡眠活动排查安全隐患，并对其常见安全隐患进行正确、科学的预防。
3. 建立细心、耐心、责任心，具备精心呵护婴幼儿午睡的责任意识。

知识点和技能点

- 知识点

1. 婴幼儿睡眠活动安全照护流程。
2. 婴幼儿睡眠活动安全隐患信号。
3. 婴幼儿睡眠活动安全照护的方法与途径。

- 技能点

1. 指导婴幼儿安全、正确地睡眠。
2. 排查婴幼儿睡眠活动的安全隐患。
3. 灵活应对婴幼儿睡眠活动中出现的安全隐患。

岗位情景

情景一　鼻中的小彩珠

婷婷妈妈为了让2岁半的婷婷愿意去托幼机构，给她放了一串漂亮的小彩珠手链在衣服口袋里。午睡时婷婷在床上玩来玩去，无意中把手链摁断了，并把其中一颗小彩珠塞到了鼻子里。婷婷自己想取又取不出来，急得她哇哇大叫，嘴里喊着"痛，痛……"。值班的张老师听见婷婷的声音，急忙走过去，发现她的鼻腔里有一个小彩珠后，立即联系保健医生，将其送往医务室，这才化险为夷。

请根据岗位情景内容，完成任务探究中的工作表单。

任务探究

工作表单1-6-1

工作情景	鼻中的小彩珠	组别		组长	
		姓名		学号	

1. 该情景中，2岁半的婷婷发生了什么事情？为什么会出现这种情况？

2. 如何避免此类安全事故发生？

3. 该情景中还存在哪些安全隐患？

岗位情景

情景二　午睡期间保教人员擅离工作岗位

午睡期间，陈老师巡视了一圈，看孩子们都睡了，就悄悄离开休息室，到教研室取教具，准备下午的教育教学活动。她刚走出去一会儿，小刚就醒来了，他悄悄下床，去盥洗室小便，回来后看到陈老师不在休息室，就一个人跑到活动室，拿起玩具独自玩了起来。

请根据岗位情景内容，完成任务探究中的工作表单。

🔵 任务探究

工作表单1-6-2

工作情景	午睡期间保教人员擅离工作岗位	组别		组长	
		姓名		学号	

1. 你赞同陈老师的做法吗？为什么？

2. 该情景中，接下来可能会发生什么事情？

3. 该情景中还存在哪些安全隐患？

🔵 学习支持

一、安全隐患

在睡眠活动中，常见的安全隐患包括：午睡检查不彻底；保教人员交接不清；保教人员擅离岗位；保教人员未进行定期巡视；起床情况混乱。

二、应对措施

1. 午睡检查要彻底

（1）明确保教人员在婴幼儿午睡活动的职责与任务，制定科学的午睡活动操作流程，规范操作。

（2）仔细观察婴幼儿的手、口、鼻等是否有异物。

（3）严格执行午检制度，清点核对婴幼儿人数。

（4）清点药单，对照服药名单进行逐一核实。

（5）落实午睡前常规性检查，告诉婴幼儿带来的小物品可暂时交给老师保管，禁止携带小物品上床，防止发生误吞等意外。

2. 午睡交接任务要明确

（1）上午班、下午班的保教人员在交接时，要当面清点当日来园婴幼儿的人数。

（2）上午班的保教人员要认真填写交接班记录，尤其是服药婴幼儿的情况。

（3）说明上午婴幼儿的整体状况，重点交接当日身体不适或需要特别关注的婴幼儿情况。

3. 坚守午睡岗位职责

（1）加强对值班保教人员在婴幼儿午睡时的监管与监督，严防脱岗或聊天，避免发生婴幼儿私自离开的情况。

（2）如遇特殊情况需要暂时离开，必须暂时交接给其他保教人员代为看管。

（3）不能安排男性保教人员或职工看护婴幼儿午睡。

4. 进行午睡定期巡视

（1）入睡期间，保教人员要随时观察每位婴幼儿的睡姿、面色、体温等情况，及时纠正不良的睡姿（如蒙头睡、趴着睡、吃手等）。

（2）特别关注病患婴幼儿，观察、抚摸他们是否发烧。

（3）如发现漏检的婴幼儿携带危险物品上床，应及时收缴保管。

（4）正面引导迟迟未入睡的婴幼儿，可让其在床上安静休息。

5. 有序维持起床秩序

（1）教育婴幼儿不要站在床上穿衣服、叠被子，防止发生摔碰伤。

（2）教育婴幼儿不要在床上跨越、奔跑，以免摔伤。

（3）组织婴幼儿有序进入盥洗室大小便，不拥挤，不碰撞。

（4）协助低龄的婴幼儿穿衣、穿鞋，鼓励并表扬婴幼儿自己穿衣。

三、安全教育

保教工作者可以教婴幼儿学唱午睡好习惯养成儿歌，比如：

（1）小朋友们准备好，午睡时间马上到；先放枕头再铺被，鞋子放在床下了；先脱裤子后脱衣，莫要慌张不急躁；睡前不要乱说话，躺进被窝好睡觉。

（2）脱下鞋子和外衣，端端正正放整齐。铺好被子上床去，小被暖和盖身体。闭上眼睛手放好，不吵不闹睡午觉。房间里面静悄悄，一觉醒来精神好。

（3）小被子，已铺好，大家快来睡午觉。不说话，不吵闹，眼睛一闭睡着了。天天午睡身体好。

保教工作者可以给婴幼儿播放午睡好习惯养成音乐，比如：《虫儿飞》《摇篮曲》等。

保教工作者可以培养婴幼儿阅读午睡好习惯养成绘本，比如：《我会好好睡觉》《可以不睡觉，一直玩吗》等。

四、基本职责

在睡眠活动中保教工作者应具备的基本职责包括以下几点：

（1）保持睡眠环境空气流通，根据室内温度及时增减被褥。

（2）保持被褥清洁干燥，被褥、床单冬季每月清洗1次，夏季每月清洗2次，凉席每天擦拭。

（3）随时保持寝室整洁。每天一小扫、紫外线消毒。每周一大扫，用消毒液擦床。

（4）指导婴幼儿正确穿脱衣物、折叠被子。

（5）检查婴幼儿仪表，整理寝室。

小贴士

午睡环境要求：

（1）安静、舒适、整洁。

（2）开窗通风，用半干半湿的拖把拖干净地面，然后用干拖把将地面拖干。

（3）卧室内选用的窗帘厚度适宜，能够遮光。

（4）室内温度适宜，夏天温度超过30℃时可使用空调。室温保持在23～28℃，最佳湿度为40%～70%，空调温度不低于25℃。

实训任务

模拟托幼园所午睡流程。

任务检测

一、知识检测

1. 选择题

（1）午睡时发现婴幼儿尿床后，保教人员应该（　　）。

A．训斥　　　　　　　　　　　B．让孩子接着睡

C．换上干净衣裤并安抚　　　　D．大声责怪

（2）当婴幼儿惊哭时，保教人员的错误做法是（　　）。

A．继续做自己的事情　　　　　　B．立即赶到他的身边

C．轻轻拍拍他，抚摸他　　　　　D．用轻柔的语言安慰他

（3）婴幼儿起床后，保教人员应做好午检，午检的主要内容是（　　）。

A．观察面色和精神　　　　　　　B．抽掉垫在后背的干毛巾

C．检查是否尿床　　　　　　　　D．检查是否穿好衣、裤、鞋

（4）在生活活动中，保教人员除了要培养婴幼儿良好的生活习惯及生活能力外，还必须在（　　）等生活活动中培养他们理解、学会相关语言。

A．睡眠、进餐　　　　　　　　　B．排便

C．穿衣、盥洗　　　　　　　　　D．以上都是

（5）保教人员预防婴幼儿遗尿的方法有（　　）。

A．睡中及时提醒小便　　　　　　B．睡前提醒婴幼儿不要尿床

C．不喝水　　　　　　　　　　　D．不喝汤

2．判断题

（1）婴幼儿午睡时，保教人员要加强巡查，特别注意不能让孩子蒙头睡，以免导致呼吸不畅。　　　　　　　　　　　　　　　　　　　　　　　　　（　　）

（2）保教人员要注意观察婴幼儿午睡的质量，让婴幼儿睡着、睡足，夏季可延长睡眠时间。　　　　　　　　　　　　　　　　　　　　　　　　　（　　）

（3）在寒冷的季节，为了防止婴幼儿着凉，保教人员给婴幼儿穿衣服的顺序应为：裤→衣→袜→鞋。　　　　　　　　　　　　　　　　　　　　　（　　）

（4）保教人员唤醒婴幼儿起床排尿时，声音应轻柔。　　　　　（　　）

（5）婴幼儿睡眠时如出现惊哭，保教人员应耐心抚慰，查找原因，及时处理异常情况。　　　　　　　　　　　　　　　　　　　　　　　　　　　（　　）

二、能力运用

1．对于尿床的婴幼儿，保教人员应如何进行护理？

2．你能运用哪些方式进行睡眠安全教育？试举例说明。

任务 7　离园活动安全照护

任务概述

离园时婴幼儿应当由监护人或其委托的成年人接送,在紧急情况下优先保护婴幼儿的人身安全。因此,掌握婴幼儿离园流程的安全照护,发生意外事故时优先保护婴幼儿的人身安全是幼儿保教工作者的重要专项能力。

任务目标

1. 掌握婴幼儿离园活动容易出现的安全隐患。
2. 能针对离园活动排查安全隐患,并对其常见安全隐患进行正确、科学的预防。
3. 树立平等、尊重、友好的沟通理念,具备安全离园的岗位意识。

知识点和技能点

- 知识点

1. 婴幼儿离园活动安全照护流程。
2. 婴幼儿离园活动安全隐患信号。
3. 婴幼儿离园活动安全照护的方法与途径。

- 技能点

1. 指导婴幼儿安全、正确地离园。
2. 排查婴幼儿离园活动的安全隐患。
3. 灵活应对婴幼儿离园活动中出现的安全隐患。

岗位情景

情景一　他人代接,存在隐患

一天,青青妈妈正常来幼儿园接孩子,可张老师却说青青被舅舅接走了,青青妈妈一脸茫然地说没有让舅舅来接,张老师听后立即紧张起来,青青妈妈也急忙打电话询问家人及亲友,发现没有人来接孩子。幼儿园领导得知情况后迅速安排几位教师一起寻找孩子,寻找了一个多小时,最后发现青青原来是被邻居小李叔叔接走了。因为青青平时叫小李舅舅,而张老师看到青青亲近地叫小李舅舅,就放心地让小李把青青接走了。

请根据岗位情景内容,完成任务探究中的工作表单。

任务探究

工作表单1-7-1

工作情景	他人代接，存在隐患	组别		组长	
		姓名		学号	

1. 该情景中，幼儿园发生了什么事情？为什么会出现这种情况？

2. 如果你是张老师，你会如何避免类似事件的发生？

3. 该情景中还存在哪些安全隐患？

岗位情景

情景二 离园心情激动，意外受伤

离园时分，家长们在托幼园所门口等候，琪琪在听到老师喊自己的名字后，着急地拿起书包就向妈妈奔去，不料被旁边小朋友伸出的脚绊倒在地，导致下巴磕伤。涛涛在听到老师叫自己的名字后，拿起外套一边往外跑一边高兴地抢衣服，结果衣服上的拉链头甩到了脸上，涛涛的脸上立刻出现了一道鲜红的血印。

请根据岗位情景内容，完成任务探究中的工作表单。

任务探究

工作表单1-7-2

工作情景	离园心情激动，意外受伤	组别		组长	
		姓名		学号	

1. 该情景中，托幼园所发生了什么事情？为什么会出现这些情况？

2. 如果你是保教人员，你会如何避免类似事件的发生？

3. 离园活动的操作流程是怎样的？

学习支持

一、安全隐患

在睡眠活动中，常见的安全隐患包括：离园前组织不当；离园分工不明确；他人代接。

二、应对措施

1. 离园前有序组织

（1）有序组织婴幼儿离园，避免因拥挤发生意外（如撞伤、碰伤）。

（2）要求家长携带接送卡，严防婴幼儿错接或走失。

（3）清点人数，检查婴幼儿的手、脸是否干净，观察婴幼儿精神状态有无异常。

2．明确离园分工

（1）提醒婴幼儿不跟陌生人走，不私自离园。

（2）保教人员与家长交流时间不能过长，以免因监管不周造成婴幼儿出现安全事故。

（3）对滞留园中的婴幼儿，做好看护工作，避免婴幼儿独自玩大型玩具，引发摔伤、磕伤。

（4）要在大型玩具旁设置安全提示标志、游戏规则，提醒家长及婴幼儿采取安全方式进行活动。

3．加强离园交接安全意识

（1）保教人员必须与携带接送卡的家长交接，严防婴幼儿接错。

（2）提醒家长看护好婴幼儿，做到视线不离开婴幼儿。

（3）注意婴幼儿独自偷溜离园，导致走失或发生意外。

三、安全教育

保教工作者可以教婴幼儿学唱离园安全儿歌，比如：

儿歌（一）

离园时，互道别；

先老师，后同学；

小书包，背背好；

见爸妈，问声好；

抱一抱，更乖巧。

儿歌（二）

上下楼梯靠右走，

不系鞋带不弯腰；

不推不搡看仔细，

遇到问题莫乱挤。

歌曲（三）

家长来园接宝宝，

接送卡，要带好；

人卡无误宝宝走，

人身安全最重要。

保教工作者可以培养婴幼儿阅读离园好习惯养成绘本，比如：《不跟陌生人走》《陌生人，我不要你的零食》《我不会走丢》《我在等我爸爸》等。

四、基本职责

在睡眠活动中保教工作者应具备的基本职责包括以下几点：

（1）协助教师做好幼儿离园的准备工作。

（2）主动与个别家长交流当日婴幼儿在园情况。

（3）婴幼儿全部离开后及时清洁、整理活动室。清洁用具（如扫帚、拖把、抹布等）分区域专用，用后及时清洁、消毒、晾挂。

（4）协助教师做好次日各项活动准备，用紫外线灯消毒活动室。关好门窗、水电。

小贴士

离园注意事项：

（1）注意与家长当面交接婴幼儿，必须要有接送卡，确保婴幼儿安全离园；

（2）教育婴幼儿不要单独离园，有陌生人来接，要主动和老师说；

（3）注意婴幼儿仪表形象，协助婴幼儿整理衣物，干净整洁离园；

（4）严禁家长进班级接婴幼儿，应在班级门口交接；在此期间和家长交流要简短，注意照顾班内孩子。

实训任务

如果班级的两个幼儿为了玩玩具发生争执，其中一名幼儿手上出现小伤口，幼儿离园时你将怎样与家长沟通？

任务检测

一、知识检测

1. 选择题

（1）遇到临时更换接领人员时，保教人员正确的做法是（　　）。

A. 可以放婴幼儿走

B. 与婴幼儿父母取得联系

C. 不能放婴幼儿走

D. 只要婴幼儿认识接领人，就可以被接走

（2）灭鼠、灭蟑螂应该在婴幼儿（　　）进行。

A．来园前　　　　　　　　　　B．离园后

C．午睡时　　　　　　　　　　D．户外活动时

（3）婴幼儿来园、离园的接送人应当是（　　）。

A．监护人或委托的成年人　　　B．哥哥或姐姐

C．同事或邻居　　　　　　　　D．同学家长

（4）当婴幼儿发现自己走失时，向（　　）求助最不安全。

A．警察　　　　　　　　　　　B．门卫

C．陌生人　　　　　　　　　　D．现场工作人员

（5）保教人员的离园工作包括（　　）。

A．整理衣物　　　　　　　　　B．整理活动室、盥洗室

C．关好门窗　　　　　　　　　D．以上都是

2．判断题

（1）婴幼儿来园及离园时凭接送卡出入，由当班老师负责登记。随时清点婴幼儿人数，做好交接工作。（　　）

（2）在家长集中来园接婴幼儿时，可以与某个家长进行长时间的对话。（　　）

（3）家长接送婴幼儿必须出示接送卡，无接送卡打声招呼也可接送婴幼儿。（　　）

（4）离园活动是孩子在园一日生活的结束，应为孩子、教师、家长迎接明天的相聚做好准备。（　　）

二、能力运用

1．遇到家长临时有事，拜托其他人来接婴幼儿的情况，你会如何进行处理？

2．你能运用哪些方式进行离园安全教育？试举例说明。

项目二 托幼园所游戏、集体教育及运动活动安全照护

项目概述

婴幼儿游戏、集体教育及运动活动是托幼园所教育中重要的活动形式。婴幼儿天性活泼好动,游戏、集体教育及运动活动中存在许多不安全的因素,只有培养婴幼儿的自我保护能力和安全防范意识,把安全教育融入区域活动的每个环节,才能达到培养婴幼儿安全意识、提高婴幼儿自我保护能力的目的,才能使婴幼儿避免受到伤害、健康快乐地成长。

项目目标

① 掌握婴幼儿游戏、集体教育及运动活动各环节容易出现的安全隐患,理解婴幼儿区域活动安全照护的要点内容。

② 能针对婴幼儿游戏、集体教育及运动活动各环节排查安全隐患,并对其常见安全隐患进行正确、科学的预防。

③ 增强安全防范意识,将安全理念,贯串于游戏、集体教育及运动活动的全过程,促进婴幼儿在安全的前提下全面发展。

任务 1　游戏活动安全照护

任务概述

游戏活动是促进婴幼儿认知发展的最佳方式。作为托幼园所课程实施的重要途径和婴幼儿一日生活中的重要活动形态，游戏活动受到强烈关注。多项研究表明，适宜的游戏活动对婴幼儿身体、语言、认识、情感和社会性的发展发挥着不可替代的关键作用。游戏中的安全更是托幼园所及家庭社会关心的焦点。《托幼园所管理规范（试行）》中明确要求，托幼园所应当以游戏为主要活动形式，促进婴幼儿在身体发育、动作、语言、认知、情感与社会性等方面的全面发展。应当重视婴幼儿的情感变化，注重与婴幼儿面对面、一对一地交流互动，动静交替，合理搭配多种游戏类型。《托育机构保育指导大纲（试行）》中也提到，应合理安排游戏等一日生活活动，以支持婴幼儿主动探索、体验、互动、交流和表达表现，丰富婴幼儿的直接经验。

任务目标

1. 了解托幼园所一日活动中常见的游戏，知晓游戏的种类和指导方法。
2. 熟悉托幼园所游戏活动中存在的安全隐患，掌握安全照护的要领。
3. 能结合托幼园所游戏活动中存在的安全隐患，采用正确、科学的方法预防安全事故的发生。
4. 践行游戏精神，珍视游戏和生活的独特价值，牢固树立"生命至上，安全第一"的意识，提高守护婴幼儿健康安全的责任意识。

知识点和技能点

- 知识点

1. 托幼园所一日活动中常见的游戏。
2. 托幼园所游戏活动中常见的安全隐患。
3. 托幼园所游戏活动安全教育的内容与方法。

- 技能点

1. 准确排查托幼园所游戏活动存在的安全隐患。
2. 运用儿歌、绘画等方式对婴幼儿游戏活动进行安全教育。

岗位情景

情景一 "老鹰捉小鸡"游戏中的碰撞

一天,果果(6岁)在幼儿园教师的带领下玩"老鹰捉小鸡"的游戏,在游戏过程中不小心被甩出,撞倒了经过的牛牛(6岁),致使牛牛摔倒在楼梯上。经诊断,果果的伤情为右眼外侧眼眶部约1.2厘米的创裂伤,进行了缝合手术。在与果果相撞过程中,牛牛腹部也受了外伤。作为保教人员,该如何做好托幼园所游戏活动的安全照护工作呢?

任务探究

工作表单2-1-1

工作情景	"老鹰捉小鸡"游戏中的碰撞	组别		组长	
		姓名		学号	

1. 该情景中,幼儿园发生了什么安全事故?为什么会发生该安全事故?

2. 如果你是该幼儿园的保教人员,你会怎么做?

3. 该幼儿园的游戏活动中还存在哪些安全隐患?

🎯 岗位情景

情景二　积木抢夺的"哭泣"

　　一天早上，小三班的孩子们开始玩玩具了，他们各自选择了喜欢的玩具玩了起来。形形用塑料积木搭房子，旁边的皓皓也在玩搭房子。皓皓看到形形正在搭的一块积木，也想要，直接过去抢了就走，形形的房子一下就塌了，她尖叫起来："这是我的，还给我。""不，这是我的。"皓皓就是不给。形形委屈地哭了起来。这时，沈老师听到了哭声，走过去问："发生了什么事？形形，你为什么哭？"形形哭着说："老师，皓皓抢了我的积木。"旁边的佳佳也指着皓皓说："是他把形形的玩具抢走了，老师，他还抢了我的玩具。"沈老师低声问皓皓："是你拿了形形的积木吗？""不，这是我的，我要玩。"皓皓大声地说。"把积木先给形形玩一下，等她玩好了你再玩，好吗？""这是我的，就是不给她。"皓皓把积木紧紧握在手里并把手藏到桌子底下。"皓皓，这是幼儿园的玩具，我们大家都可以玩的。"沈老师严肃起来，"如果你想玩，可以用小嘴巴和形形商量一下，不能用手去抢。"皓皓看着手里的积木，轻轻地哭了起来。作为保教人员，该如何做好托幼园所游戏活动的安全照护工作呢？

🎯 任务探究

工作表单2-1-2

工作情景	积木抢夺的"哭泣"	组别		组长	
		姓名		学号	
1. 该情景中，幼儿园发生了什么事情？为什么会发生这种情况？					
2. 如果你是沈老师，你会怎么做？					

续表

> 3. 请列举该幼儿园游戏活动中还存在哪些安全隐患？

学习支持

一、安全隐患

根据活动强度，托幼园所婴幼儿游戏主要分为运动类游戏和安静类游戏。

1. 运动类游戏活动存在的安全隐患

（1）游戏活动场地地面不平整，或有碎石、尖锐碎片等危险物品。

（2）游戏设施、设备器械破损、缺失或螺丝绳索不牢固等。

（3）婴幼儿衣着不适宜，如有带子的帽衫导致的勒脖，或鞋子过大过小引发的摔伤、扭伤，或过长的裙子、衣服导致的活动不便等。

（4）婴幼儿配饰中的亮片、串珠等在游戏中散落带来的危险行为。

（5）游戏准备不充分，如婴幼儿未上厕所、未带水杯，导致婴幼儿自行返回教室上厕所、拿水杯，过程混乱存在安全隐患。

（6）游戏组织不恰当，如为了防止婴幼儿走失，让其"开小火车"，组织不当带来的玩闹行为，易导致绊倒、摔伤。

（7）游戏方式不规范，如挥舞游戏器械、不遵守游戏规则等行为，易导致戳伤、扭伤等。

（8）游戏组织、管理失误，保教人员配备不够，预见性不足，或管理失职造成的安全隐患。例如，游戏运动量过大引起的身体疲劳带来的磕伤，未清点人数导致的走失等事故。

2. 安静类游戏活动存在的安全隐患

（1）使用不安全的游戏材料造成安全隐患。使用有毒有害材料制成的游戏材料，或本身存在安全隐患；不适宜在游戏活动中使用的游戏材料，容易引发安全隐患，如将不安全、不卫生的游戏材料放进嘴里等。

（2）游戏材料投放不足或不适宜。安静类游戏活动对游戏材料投放的种类、数量都有较高的要求，如游戏材料数量不足，造成哄抢，或游戏材料出现不易于组装、玩耍等情况造成的危险行为。

（3）游戏材料使用方法不当。安静类游戏中时常需要婴幼儿自主自发地进行创造性游戏，游戏材料投放过程中可能会有剪刀、放大镜、笔等，使用方法不当会引发安全事故，如使用剪刀、笔等尖锐游戏材料时随意挥舞导致划伤皮肤、戳伤眼睛等。

（4）游戏区域布局安排不合理。婴幼儿注意力集中时间较短，在游戏过程中会频繁更换区域或游戏材料，如果游戏区域活动空间大小安排不合理，或各区域间布局不合理，易造成摔伤、磕伤等安全事故。

（5）游戏组织不当、秩序混乱。游戏活动中，由于保教人员组织行为不当（如安全教育落实不到位，出现抢夺游戏材料或游戏秩序混乱等情况），易造成安全事故。

二、应急处理流程

（1）立即安抚婴幼儿情绪，引导婴幼儿调整状态。

（2）检查婴幼儿是否受伤，如果婴幼儿有外伤出血，则立即停止游戏，并送往保健医生处进行包扎止血。如婴幼儿无明显外伤，帮助其调整好情绪之后，进一步判断其意识状态、呼吸等。

（3）如果婴幼儿持续不适，应立即联系家长，并及时送医就诊。

三、预防措施

（1）科学合理地设置游戏区域，将安静类游戏区域和运动类游戏区域分开，做到分布科学、结构合理，同时排查安全隐患。

（2）投放的游戏材料必须是安全且充足的，充分做好游戏器具的安全性核查；选用的游戏材料须符合国家卫生标准的要求和操作安全要求，并且易于清洗和消毒，不易污染。

（3）游戏组织至少配备1名教师和2名保教人员，分工明确且事先对安全隐患进行充分估计，以预防为主，加强对婴幼儿的安全教育，让婴幼儿时刻在视线范围内。

（4）建立游戏常规，加强婴幼儿文明礼仪教育，引导婴幼儿遵守相关游戏规则及要求，有序地进行游戏，充分做好游戏准备，如如厕、携带水杯和隔汗巾等。

（5）备好急救包，存放常见的外科用药和物品，如干湿纸巾、创可贴、塑料袋、松紧绳、碘酒片、酒精片、纱布、三角巾等。

（6）游戏结束后引导婴幼儿及时洗手、喝水，擦汗、更衣。避免环境中的细菌侵入引发疾病。同时，提醒婴幼儿补充水分以弥补活动中的消耗，但要注意控制喝水速度。不建议婴幼儿一次喝太多水，因为短时间内喝下大量的水不但会增加心脏的负荷，严重的还会引发肠胃痉挛。当婴幼儿适当休息后，要提醒或帮助婴幼儿及时穿上衣服，以免着凉。

2012年颁布的《幼儿园教师专业标准（试行）》把游戏活动的支持与引导作为幼儿园教师应当具备的七大专业能力之一。

《3~6岁儿童学习与发展指南》《幼儿园教师专业标准（试行）》中对保教工作者的能力提出明确要求，须根据婴幼儿的认知特点和学习习惯，有效提升学前教育专业、幼儿保育专业学生游戏活动的支持能力与岗位胜任力。

实训任务

游戏活动安全照护演练

一、任务目标

根据相关统计，跌伤是婴幼儿意外伤害的首要原因，也是急诊最常见的伤害类型。根据世界卫生组织的统计，全球15岁以下的孩子跌倒约造成50%伤残。依据2023年全国职业院校技能大赛婴幼儿保育赛项规程的要求，学生通过实际操作，能够正确判断婴幼儿外伤的症状，并采用正确、科学的步骤进行处理，具备外伤处理的应急技能。

二、任务描述

小班的君君在玩滑滑梯的游戏时，为了追求刺激，趁保教人员不注意，用头朝下滑滑梯，导致头部着地、流血不止，君君大哭起来，如果你是保教人员，你会如何处理？

三、任务实操

注意：在婴幼儿跌倒后，保教人员不要急于抱起，应就地进行初步检查，明确有无损伤和损伤的程度，并进行相应的处理。

（1）观察安抚及评估。及时安抚婴幼儿的情绪，就地观察婴幼儿有无外伤，并评估婴幼儿的神志意识、跌伤部位、受伤程度等，科学合理地判断是否需要立即送医就诊。

（2）检查婴幼儿头部有无伤口、出血、肿胀等，若出现以下症状，则可能有颅脑损伤情况，应立即送医：

①意识不清、哭闹不止或烦躁不安；

②头痛、呕吐；

③生命体征异常，如抽搐、呼吸异常、心跳暂停；

④行动障碍。

（3）若检查发现婴幼儿头部出现肿胀，切勿用力按压或揉搓。若发现轻微的小伤口，又暂时无法送医务室或医院时，可采取如下步骤进行处理：

①采用免洗手消毒剂清洁双手；

②检查患儿创面是否有小沙粒或者泥土，并用棉签蘸双氧水清洗伤口；

③用棉签蘸碘伏，按照由内而外的顺序打圈消毒创面；

④用镊子夹取3~5片干净、消毒的纱布覆盖在伤口处，用绷带加压包扎法（由远端到近端），对伤口进行环形重叠缠绕包扎。

四、实操注意事项

（1）及时关注婴幼儿的情绪，多宽慰、多鼓励。

（2）伤口紧急处理完成后需及时联系家长，关注患儿后期伤口恢复情况，提醒家长每天更换纱布、换药，保持局部干燥，如果有局部肿胀或者出血加剧，请及时就医。

任务检测

一、知识检测

1. 选择题

（1）以下游戏中属于安静类游戏的是（　　）。

A．表演游戏　　　　　　　　　　B．音乐游戏

C．体育游戏　　　　　　　　　　D．益智游戏

（2）在组织运动类游戏时，保教人员以下做法正确的是（　　）。

A．保教人员根据临时工作需要，可以随时灵活调整工作岗位

B．运动后立即提醒婴幼儿大量饮水

C．随身备好急救包，存放常见的外科用药和物品

D．游戏自主能力强的婴幼儿可自行管理

（3）在婴幼儿自主游戏时间，保教人员的以下做法合理的是（　　）。

A．婴幼儿发生任何争执，都应让婴幼儿自行解决

B．保教人员可以随时介入

C．婴幼儿之间出现问题时，根据具体情况以合理的方式介入，帮助婴幼儿解决

D．自主游戏中，任何游戏材料的争抢都是正常的，保教人员不应大惊小怪

（4）以下哪种情况不需要立即送医？（　　）

A．意识清晰，偶有哭闹　　　　　　B．头痛、呕吐

C．抽搐、呼吸异常、心跳暂停　　　　D．行动障碍

（5）乐乐在户外游戏时，不小心摔倒在地，王老师检查发现乐乐腿部有轻微的小伤口，但此时又暂时无法送医务室，可采取如下哪种顺序进行处理？（　　）

①采用免洗手消毒剂清洁双手。②用棉签蘸碘伏，按照由内而外的顺序打圈消毒创面。③检查患儿创面是否有小沙粒或者泥土，并用棉签蘸双氧水清洗伤口。④用镊子夹取3～5片干净、消毒的纱布覆盖在伤口，用绷带加压包扎法对伤口进行环形重叠缠绕包扎。

A．①②③④　　　　　　　　　　B．①③②④
C．③②①④　　　　　　　　　　D．②①③④

2．判断题

（1）户外游戏时，不用时刻关注所有婴幼儿。（　　）

（2）为了保证婴幼儿的安全，保教人员可减少或不开展运动类游戏。（　　）

（3）在玩安静类游戏时，保教人员可让婴幼儿完全自主地相互照顾。（　　）

（4）在给婴幼儿的外伤消毒创面时，可以直接用手指蘸碘伏，按照由外而内的顺序打圈消毒创面。（　　）

（5）在婴幼儿跌倒后，保教人员应立即将其抱起，安抚其哭闹的情绪。（　　）

二、能力运用

1．小组分角色模拟组织婴幼儿安静类游戏和运动类游戏，梳理游戏活动组织中存在的安全隐患。

2．谈一谈如何利用地方文化，促进幼儿园民间游戏的开发与发展。

任务2　集体教育安全照护

🎯 任务概述

集体教育活动是婴幼儿在托幼园所中非常重要的活动，保教人员组织活动要细致周到，关注每个孩子，关注每个细节，如果组织不科学、要求不精细、措施不到位，会存在诸多安全隐患，进而引发意想不到的安全事故。

🎯 任务目标

1. 了解婴幼儿集体教育活动中存在的安全隐患，熟悉集体教育活动中的安全照护流程。
2. 能够按照流程排除集体教育活动中的安全隐患，对婴幼儿进行安全照护。
3. 树立"婴幼儿安全第一"的意识，不断加强关爱婴幼儿生命、保护婴幼儿健康安全的责任感。

🎯 知识点和技能点

- 知识点

1. 婴幼儿集体教育活动中存在的安全隐患。
2. 集体教育活动中的安全照护流程。

- 技能点

按照照护流程预防集体教育活动中的安全隐患。

🎯 岗位情景

情景一　被划伤的豆豆

美工活动中，小青老师正在教幼儿用剪刀剪出好看的窗花。豆豆的剪刀坏了，找到飞飞："你能借我一下剪刀吗？我还有一点就剪完了。"飞飞说道："好的。"可飞飞将剪刀递给豆豆时未合拢剪刀，导致豆豆的手被划伤，豆豆疼得哭了出来，飞飞也吓得大声哭起来。

请根据岗位情景内容，完成任务探究中的工作表单。

任务探究

工作表单2-2-1

工作情景	被划伤的豆豆	组别		组长	
		姓名		学号	

1. 该情景中,幼儿园发生了什么事情?为什么会出现这种情况?

2. 如果你是小青老师,你会怎么做?

岗位情景

情景二 摔倒的亮亮

阅读活动中,其他小朋友都在认真听张老师讲故事,花花玩起了一旁的小剪刀,亮亮玩起了凳子。张老师警告他们后又继续讲故事。突然,只听"咚"的一声,亮亮从板凳上摔了下来,头上起了一个"大包"。张老师发现亮亮受伤后,立即终止阅读活动,对亮亮头上的伤口进行消毒处理,并对所有幼儿进行了安全教育。放学时,张老师主动把亮亮受伤的事情告诉了亮亮的家长。

请根据岗位情景内容,完成任务探究中的工作表单。

任务探究

工作表单2-2-2

工作情景	摔倒的亮亮	组别		组长	
		姓名		学号	
1. 该情景中，幼儿园发生了什么事情？为什么会出现这种情况？					
2. 如果你是张老师，你会如何与亮亮的家长沟通？					
3. 该活动还存在哪些安全隐患？					

学习支持

一、安全隐患

（1）教育活动中，如果保教人员存在教育行为不当，如体罚、推拉、拖拽等极端行为，很容易造成安全事故，不仅对婴幼儿的身体造成伤害，也会对婴幼儿的心理产生潜在影响。

（2）使用有毒、有害、不卫生的材料制作的玩教具，以及不适合在教学中使用的玩教具，都容易引发安全事故。

（3）玩教具、操作材料使用方法不当会存在安全隐患，比如工具、文具等使用方法不当，会存在危险。

（4）教育活动中如果组织管理不当，容易出现以下问题，引发安全事故：

①开展活动时婴幼儿紧挨着坐，如果婴幼儿左右晃动椅子或把手放在椅子边上，容易挤伤手指；婴幼儿坐在椅子上后翘椅子，造成摔伤；婴幼儿之间争抢座位，容易挤伤小手或摔倒磕伤。

②秩序混乱，场地狭小，婴幼儿易发生摔倒致伤现象。

③婴幼儿试图帮助保教人员做事时方法不当，易造成安全事故。

④教育活动组织时间过长，导致婴幼儿身心疲惫，易发生危险。

二、应对措施

1. 托幼园所的应对措施

（1）制定《集体教育活动环节安全管理制度》，让保教人员熟知集体活动中存在的安全隐患有哪些。

（2）开展有关集体教育活动中存在的安全隐患交流活动，促使保教人员分享自己的所想、所思及感悟。

（3）制定托幼园所集体活动安全操作规范，让保教人员有章可循，避免安全事故的发生。

2. 保教人员的应对措施

（1）根据本班的实际情况，制定集体教育活动常规要求，充分考虑集体教育活动中可能出现的安全问题。

（2）班级保教人员要密切合作，培养婴幼儿的常规习惯，在集体活动的各个阶段加强对婴幼儿的安全教育，培养婴幼儿的自我保护能力、安全应变技能、互帮互助的集体观念。

（3）给婴幼儿创造良好的活动环境，确保桌子、椅子、柜子等无安全隐患，在集体教育活动开展过程中，保教人员要时时关注婴幼儿，安抚婴幼儿，注意保证婴幼儿的安全。

（4）教给婴幼儿正确使用工具的方法，并提醒其安全注意事项，避免安全事故的发生。

（5）提供的材料要符合婴幼儿的人数，并且能略多于婴幼儿的人数以备用。

（6）在美工活动中要选择儿童专用剪刀，剪刀不要太大太重，适合婴幼儿抓握，剪刀的刀尖要呈圆形，握柄要由塑料制成，这样不会磨伤婴幼儿的手。

（7）在音乐活动中为婴幼儿选择音域适宜的歌曲，节奏和拍子不宜太复杂，唱歌时间不宜太久，舞蹈动作设计应简单易学。

（8）在阅读活动中应引导婴幼儿阅读时坐姿端正，不在阳光下看书，不躺着看书，引导婴幼儿应分享读物，不能抢夺。

（9）提高组织教育教学的能力，提前备好课，准备好场地材料，充分考虑活动中的安全隐患，做好应对的准备，学会处理突发事件。

（10）提升专业教学技能，对婴幼儿要有爱心、细心和耐心，尊重、理解和包容婴幼儿，尊重婴幼儿的个体差异，满足婴幼儿在集体教育活动中的不同需要；要关注婴幼儿的心理健康，特别是对受到惊吓的婴幼儿要及时进行安抚和引导，消除婴幼儿的心理障碍。

小贴士

婴幼儿正确使用剪刀的方法：

（1）告诉婴幼儿不能用手触摸剪刀的刀口部分；

（2）传递剪刀的时候，应该把剪刀合拢，握住合拢的刀尖，将剪刀柄对着他人；

（3）使用剪刀时，拇指穿过左边的把柄，食指、中指、无名指穿过右边的把柄，小指抵住把柄，刀尖朝自己的正前方，不能将剪刀拿在手上挥舞，不能将剪刀对着自己或他人；

（4）用完剪刀后，一定要刀尖朝下，插在剪刀盒上。

实训任务

集体教育安全照护演练

一、任务目标

通过实际演练，掌握集体教育活动中可能存在的安全隐患和应对措施，及时排查和处理安全隐患。

二、任务描述

针对以下问题情境，说出解决方法并模拟实施：

（1）有些婴幼儿坐椅子时往后翘椅子；

（2）婴幼儿的小椅子一个挨着一个，容易夹手；

（3）婴幼儿拿着铅笔、剪刀等文具随意走动。

三、任务要求

（1）能精准分析情景中可能存在的安全隐患，并按要求排除安全隐患。

（2）安全照护要点清晰，考虑周全。

（3）沉着应对问题，语言表达清晰，处理方法得当。

任务检测

一、知识检测

1. 单项选择题

（1）保教人员在制定集体教育活动常规要求时，应首要考虑的是（　　）。

A．活动的趣味性　　　　　　　　B．活动中可能出现的安全问题

C．婴幼儿的个体差异　　　　　　D．材料的丰富性

（2）在集体教育活动中，保教人员应该如何培养婴幼儿的自我保护能力？（　　）

A．代替婴幼儿完成所有任务　　　B．仅在事故发生后进行教育

C．在活动各阶段加强安全教育　　D．忽视小事故以锻炼其独立性

（3）为确保婴幼儿在活动中的安全，保教人员应如何准备材料？（　　）

A．尽可能少准备，避免浪费　　　B．随意选择，不考虑婴幼儿人数

C．符合婴幼儿人数，并略有富余　D．追求美观，不考虑实用性

（4）在美工活动中，为婴幼儿选择剪刀时应考虑哪些因素？（　　）

A．剪刀越大越重越好　　　　　　B．刀尖尖锐，便于精细操作

C．剪刀轻便，刀尖圆形，握柄塑料制　D．用成人剪刀，方便教师指导

（5）在阅读活动中，保教人员应如何引导婴幼儿阅读？（　　）

A．允许在阳光下或躺着看书　　　B．强调阅读速度，快速翻页

C．坐姿端正，避免抢夺读物　　　D．鼓励婴幼儿独自阅读，不需指导

（6）对于受到惊吓的婴幼儿，保教人员应如何应对？（　　）

A．责备其胆小　　　　　　　　　B．忽视其情绪变化

C．及时安抚和引导，消除心理障碍　D．鼓励其独自面对，培养独立性

2. 多项选择题

（1）集体教育活动中可能存在的安全隐患有（　　）。

A．使用不卫生的材料引起中毒

B．保教人员体罚、推拉、拖拽婴幼儿，对婴幼儿心理产生潜在不良影响

C．秩序混乱，场地狭小，易发生摔倒致伤现象

D．使用剪刀不当，引发割伤的危险

（2）下列说法正确的是（　　）。

A．要教会婴幼儿正确使用学习工具的方法，提醒婴幼儿不要拿着铅笔、剪刀等文具随意走动

B．在集体教育活动的组织中，保教人员应维护活动秩序，把维持纪律放在第一位

C. 保教人员应给婴幼儿创造良好的活动环境，确保桌子、椅子、柜子等无安全隐患

D. 制定集体教育活动常规要求，充分考虑集体教育活动中可能出现的安全问题

3. 判断题

（1）在集体教育活动中，保教人员的任何教育行为都不会导致安全事故的发生。
（　　）

（2）使用不安全的玩教具或使用方法不当，会导致集体教育活动中存在安全隐患。
（　　）

（3）托幼园所不需要制定集体教育活动安全操作规范，因为保教人员都具备足够的安全意识。（　　）

（4）在集体教育活动中，保教人员只需关注婴幼儿的身体安全，无需关注其心理健康。（　　）

（5）为确保婴幼儿在集体教育活动中的安全，保教人员应提供符合婴幼儿人数且略多于婴幼儿人数的材料，并教会婴幼儿正确使用工具的方法。（　　）

二、能力运用

1. 在某托幼园所的一次美术活动中，李老师发现班级中一位4岁的幼儿小明正试图用一把成人剪刀剪纸，周围的小朋友们也在兴奋地摆弄着各种材料和工具，场面略显混乱。此时，另一位幼儿小华突然起身，试图穿越教室去帮助老师取材料，把椅子碰倒，险些造成其他幼儿摔倒。

（1）请根据上述情境，列举至少三项可能引发的安全隐患，并简要说明。

（2）如果你是李老师，你将如何采取措施来预防和解决这些安全隐患？

2. 为了提升托幼园所集体教育活动的安全性，园所需制定一套详细的安全管理策略。请结合所学内容，设计一套集体教育活动安全管理策略中的预防措施。

任务 3　运动活动安全照护

🞊 任务概述

　　运动活动是构成托幼机构一日活动的重要组成部分，主要包括户外体育活动、户外自选游戏、体操等。运动活动对提高婴幼儿的运动能力、环境适应能力和身体免疫力，帮助婴幼儿形成健康的体魄、拥有愉悦的情绪起着至关重要的作用。由于婴幼儿天生活泼好动，在户外运动时喜欢大胆尝试一些危险性的活动，渴望自由，想要挣脱教师的束缚，因此在享受运动活动带来愉悦的情绪体验时也容易发生安全事故。《幼儿园教育指导纲要（试行）》指出："幼儿园必须把保护幼儿的生命和促进幼儿的健康放在工作的首位。"因此，在运动活动中保护婴幼儿的生命与健康是每位保教工作者必备的岗位责任意识与岗位能力。

🞊 学习目标

　　1. 熟悉婴幼儿户外运动活动中存在的安全隐患，掌握婴幼儿户外运动活动安全照护的要领。

　　2. 能够按照正确、科学的步骤对婴幼儿外伤出血进行处理，学会采用正确的措施预防安全事故的发生。

　　3. 树立"生命至上，安全第一"的理念，提高守护婴幼儿健康安全的责任意识。

🞊 知识点和技能点

- 知识点

1. 婴幼儿户外运动活动中常见的安全隐患。
2. 婴幼儿户外运动活动安全照护的要领。

- 技能点

1. 准确发现与排查婴幼儿运动活动存在的安全隐患。
2. 按照正确、科学的步骤对婴幼儿外伤出血进行处理。
3. 采用儿歌、绘画等方式对婴幼儿运动活动进行安全教育。

🞊 岗位情景

情景一　攀爬架"惹"的祸

　　一天，阳光正好，小二班的孩子们在户外操场玩追逐躲闪跑的游戏，孩子们玩得很开心。班级的张老师正忙着给家长拍摄班级户外活动视频时，乐乐与冰冰小朋友因排队时互相推挤发生争执，俩人都想去玩攀爬架，他们互不相让地都爬上了攀爬架，不料，架子出现了松动，俩人从攀爬架上摔下来，他们的手臂和膝盖都出现了伤口。针对以上情景，作为保教人员，该如何对婴幼儿做好安全照护工作呢？

请根据岗位情景内容，完成任务探究中的工作表单。

任务探究

工作表单2-3-1

工作情景	攀爬架"惹"的祸	组别		组长	
		姓名		学号	

1. 该情景中，幼儿园发生了什么事情？为什么会出现这种情况？

2. 保教人员是否提前帮助婴幼儿排查了运动活动中的安全隐患？

3. 保教人员应该怎样照护婴幼儿？

岗位情景

情景二 爱跑步的"牛牛"

春天到了，万物苏醒，春意盎然，中三班的小朋友们也来到了操场，为下一周的春季运动会做准备。牛牛是班级中当之无愧的运动健将,然而此时他正穿着一双小皮鞋在操场上跑步,而班级的王老师并未注意和检查到牛牛的着装是否适宜,牛牛才跑了没几步,就"不小心"摔了一跤。当被王老师扶起来时,牛牛的脚踝已经不能动弹了。

请根据岗位情景内容,完成任务探究中的工作表单。

任务探究

工作表单2-3-2

工作情景	爱跑步的"牛牛"	组别		组长	
		姓名		学号	

1. 该情景中,幼儿园发生了什么事情?为什么会出现这种情况?

2. 保教人员是否提前帮助幼儿排查了运动活动中的安全隐患?

3. 保教人员应该怎样照护牛牛?

学习支持

婴幼儿运动活动时,易出现以下三大安全隐患:运动场地及设施设备存在的安全隐患;婴幼儿运动时衣着不当存在的安全隐患;运动活动组织过程中存在的安全隐患。作为保教工作者,应善于发现与及时排查安全隐患,避免婴幼儿出现安全事故。

一、运动场地及设施设备存在的安全隐患与预防方法

1. 安全隐患

（1）婴幼儿在玩滑梯、大型攀爬架时，如果没有控制好头部，易发生脸部挫伤、脖子扭伤或摔伤。

（2）投掷类玩具不小心扔出去，易造成婴幼儿身上、脸上或眼睛受伤。

2. 预防方法

（1）活动前：清除场地内的各类障碍，仔细检查大型设备是否按期检查、按期维修；交代清楚活动规则及安全要求。

（2）活动中：随时关注所有婴幼儿的运动情况，提醒婴幼儿用正确的方法有秩序地进行游戏；提醒婴幼儿保持安全的运动间隙。

（3）活动后：在日常生活中采用儿歌、真实案例等形式对婴幼儿进行常规性的安全教育。例如：引导婴幼儿以绘画的方式将安全知识记录下来。

二、婴幼儿运动时衣着不当存在的安全隐患与预防方法

1. 安全隐患

（1）婴幼儿穿的连帽衫如果带子太长，在追逐跑闹或玩滑梯时容易勒住脖子。

（2）鞋子大小不合适，易导致婴幼儿摔伤和扭伤。

（3）衣服或裤子过长，运动不便，易导致婴幼儿绊倒或者摔倒。

2. 预防方法

（1）活动前：提醒婴幼儿家长为婴幼儿准备好户外活动服装及适宜的运动鞋；保教人员自身着装轻便、舒适，穿便于运动的鞋子；检查婴幼儿的鞋带是否系好，鞋子是否合脚，若婴幼儿穿了拉绳的帽衫，保教人员应将拉绳塞到衣服里面。

（2）活动中：随时关注婴幼儿的运动情况，提醒婴幼儿用正确的方法有秩序地进行游戏；提醒婴幼儿保持安全的运动间隙。

（3）活动后：在日常生活中结合婴幼儿生活里的真实案例进行常规性的安全教育。

三、运动活动组织过程中存在的安全隐患与预防方法

1. 安全隐患

（1）个别婴幼儿在运动活动中有如厕需要，在往返厕所途中易发生意外。

（2）保教人员组织婴幼儿呈"火车式"排队行走，由于行走遮挡视线，易出现绊倒、磕伤。

（3）婴幼儿运动时动作不到位或躲闪不及时，易引发碰撞、跌倒。

2. 预防方法

（1）活动组织至少配备2名保教人员，且分工明确。

（2）保证所有婴幼儿均在保教人员的视线范围内。若部分婴幼儿有喝水、如厕需要，保教人员应陪同婴幼儿，防止意外事故发生。

（3）活动前组织婴幼儿进行身体各部位的热身运动，对于体弱儿、肥胖儿和过分活跃儿给予特殊照顾。

（4）随身携带卫生纸、手绢、防蚊虫叮咬等必备品。

小贴士

《幼儿园工作规程（试行）》（2016年版）第十八条明确指出："幼儿户外活动时间（包括户外体育活动时间）每天不得少于2小时。"

《3岁以下婴幼儿健康养育照护指南（试行）》关于婴幼儿运动锻炼要求指出："顺应婴幼儿运动发育规律，充分利用室内外安全和开放的活动场地，提供爬、走、跑、跳等大动作，以及抓握、垒高、涂鸦等精细动作的练习机会。避免婴幼儿久坐超过1小时。婴幼儿每天身体活动时间至少3小时，其中户外活动时间至少2小时，遇到雾霾、高温等特殊天气宜酌情减少户外活动时间。"

实训任务

运动活动安全照护演练

一、任务目标

依据2023年全国职业院校技能大赛婴幼儿保育赛项规程的要求，学生需要通过实际操作，能够根据症状与表现正确判断婴幼儿的外伤情况，并采用正确、科学的步骤进行处理，具备外伤处理的应急技能。

二、任务描述

中班的红红在与同伴追逐跑时不小心摔倒，磕破了右侧膝盖，出血较多，红红又惊又疼地哭了起来。红红目前生命体征正常，意识清楚，但受到了惊吓。如果你是保教人员，你该如何处理？

三、任务实操

（1）及时安抚幼儿情绪："红红乖，不怕不怕，老师会帮你处理伤口，很快就会好的。"

（2）叮嘱班级另一名保教人员照顾好其他幼儿的安全，做好安全教育，避免再次出现此类情况。

（3）处理伤口的步骤：

①采用免洗手消毒剂清洁双手。

②在出血口上方系止血带，防止进一步出血。

③检查患儿创面是否有小沙粒或者泥土，并用棉签蘸双氧水清洗伤口。

④用棉签蘸碘伏，按照由内而外的顺序打圈消毒创面。

⑤用镊子夹取3~5片干净、消毒的纱布覆盖在伤口，用绷带加压包扎法对伤口进行缠绕包扎。

⑥检查包扎处及患肢末端有无发绀、肿胀。

⑦若伤口出血不止，应及时送医。

（4）处理伤口后立即联系患儿家长，告知家长患儿外伤情况。

四、实操注意事项

（1）及时关注患儿情绪，多宽慰、多鼓励。

（2）伤口处理完成后需及时联系患儿家长，关注患儿后期伤口的恢复情况。

任务检测

一、知识检测

1．选择题

（1）在组织户外活动时，保教人员做法正确的是（　　）。

A．保教人员根据工作安排需要，可以随时灵活调整工作岗位

B．避免体弱儿、肥胖儿出现安全隐患，保教人员可以建议他们不参与户外活动

C．随身携带卫生纸、防蚊虫叮咬的药

D．运动能力强的婴幼儿可自行管理

（2）抱婴儿到户外活动是为了适当补充（　　）。

A．维生素A　　　　B．维生素K　　　　C．维生素D　　　　D．维生素E

（3）《3~6岁儿童学习与发展指南》中指出：要保证幼儿的户外活动时间，提高适应季节变化的能力。这也是预防（　　）疾病的措施之一。

A．弱视　　　　　　　　　　　　　　B．肝炎

C．腹泻　　　　　　　　　　　　　　D．上呼吸道感染

（4）当婴幼儿在户外活动中扭伤，出现充血、肿胀和疼痛时，保教人员应对婴幼儿采取的措施是（　　）。

A．停止活动，冷敷扭伤处　　　　　　B．停止活动，热敷扭伤处

C．按摩扭伤处，继续活动　　　　　　D．清洁扭伤处，继续活动

（5）婴幼儿每日户外活动的时间应不少于（　　）。

A．2小时　　　　B．3小时　　　　C．4小时　　　　D．5小时

2．判断题

（1）户外活动时，要保证所有婴幼儿均在保教人员的视线范围内。（　　）

（2）为了保证婴幼儿安全，要减少或尽量不开展户外活动。（　　）

（3）在户外活动时，要对体弱婴幼儿给予更多的照顾。（　　）

（4）寄宿制幼儿园户外活动的时间，正常情况下每天不得少于3小时。（　　）

二、能力运用

1．小组分角色模拟组织婴幼儿户外活动，梳理活动组织中存在的安全隐患。

2．为避免或减少婴幼儿运动活动中出现安全事故，请结合所学知识及专业特长，为婴幼儿设计一幅关于户外运动安全标志的简笔画。

项目三 婴幼儿常见意外伤害的应急处理

项目概述

《托育机构婴幼儿伤害预防指南（试行）》指出："托育机构应当最大限度地保护婴幼儿的安全健康，排查并去除托育机构内环境安全隐患，提升环境安全水平，规范和加强对婴幼儿的照护，开展针对工作人员、家长以及婴幼儿的伤害预防教育和技能培训。"应尽可能避免婴幼儿发生意外，这就要求保教工作者提高防范意识，增强意外伤害的预防与处理能力，从而减少意外伤害的可能性和降低意外伤害的严重性。本项目主要介绍婴幼儿意外伤害的预防与处理，通过本项目的学习，保教工作者应学会运用所学知识加强预防保健，同时在工作中及时发现婴幼儿的各种异常情况，采取相应应急措施并及时就诊，保证婴幼儿的健康成长。

项目目标

① 掌握扭伤、异物伤害、擦伤、扎伤、触电、溺水、烧烫伤等常见意外伤害的定义及症状。

② 能够识别常见意外伤害的具体表现。

③ 能够采取正确的急救措施对常见意外伤害进行应急处理。

④ 树立关爱婴幼儿、照护婴幼儿安全的理念，具备冷静、果断、专业的应急处理能力。

任务 1　扭伤的应急处理

任务概述

婴幼儿在日常活动时经常会发生一些意外扭伤或拉伤，比如踝关节、腕关节的扭伤，在外力作用下，关节骤然向一侧活动而超过其正常活动度时，容易导致关节周围软组织如关节囊、韧带、肌腱等发生撕裂伤。轻者会导致部分韧带纤维撕裂，重者会导致韧带完全断裂或韧带及关节囊附着处的骨质撕脱，甚至发生关节脱位。因此，保教工作者要具备婴幼儿扭伤的应急处理与预防知识。

任务目标

1. 掌握扭伤的概念及其原因、症状。
2. 掌握扭伤急救处理的步骤。
3. 快速识别扭伤的表现并正确执行扭伤的应急处理步骤。
4. 具有冷静、沉稳的心理素养，具备关爱生命、保护婴幼儿安全的职业品质。

知识点和技能点

- 知识点

1. 扭伤的概念及其原因。
2. 扭伤的症状。
3. 扭伤急救处理的步骤。

- 技能点

1. 快速识别扭伤的表现。
2. 正确执行扭伤的应急处理步骤。
3. 观察和监护骨折后的婴幼儿。

岗位情景

小虎扭伤了

小虎是幼儿园中二班的小朋友，幼儿园放学后，小虎不听老师的嘱咐，在操场上奔跑，看见远处的小红后，激动地挥手和小红打招呼，结果不慎踩空，崴了脚，随后踝关节出现肿胀和青紫色淤血，小虎疼得哇哇大哭。

请根据岗位情景内容，完成任务探究中的工作表单。

🔵 任务探究

工作表单3-1-1

工作情景	小虎扭伤了	组别		组长	
		姓名		学号	

1. 该情景中，幼儿园发生了什么事情？为什么会出现这种情况？

2. 小虎有哪些症状表现？

3. 如果你是该幼儿园的保教人员，接下来你会怎么做？

🔵 学习支持

一、扭伤的概念

扭伤是指四肢关节或者躯干的软组织损伤，具体表现为损伤部位疼痛肿胀、活动受限。扭伤多是由于剧烈运动、肌肉超负荷承重、不慎跌倒等原因，导致某一部位的软组织受损，周围毛细血管破裂，从而出现淤血、疼痛、红肿等现象。

二、扭伤的原因

婴幼儿在活动中用力不慎会产生肢体扭伤，发生扭伤的部位大多在关节处，如腕关节、踝关节等。

三、扭伤的表现

扭伤时皮肤无破损，但局部疼痛、红肿，影响肢体正常走、站、撑等动作。关节扭伤的临床表现，受伤部位常伴有运动功能的改变，一般会出现以下几种情况。

（1）疼痛：扭伤部位出现胀痛、热痛、撕裂样疼痛，局部肌肉有压痛。活动时疼痛加剧。

（2）肿胀：关节扭伤部位出现不同程度的肿胀，检查时应注意查看肿胀的程度，确认关节是否畸形，如果是肌肉拉伤则肿胀不明显。

（3）淤血：扭伤部位出现不同程度淤血，表现为局部青紫或红紫，常出现在受伤关节处。

（4）运动障碍：伤侧疼痛不能正常走、站、撑。

（5）韧带损伤：检查时应将关节外翻，以检查内侧韧带损伤程度。

四、扭伤的应急处理

发生关节扭伤之后，如处理得当，可以修复受伤组织，恢复运动功能。急救时可按国际通用的扭伤应急处理（RICE）步骤进行处理。

（1）休息（Rest）：扭伤之后应立即停止运动，坐下或躺下休息，将扭伤部位的衣物或鞋带松解。后期也应充分休息，避免重体力活动给断裂或损伤肌腱的恢复带来新的伤害。

（2）冷敷（Ice）：用冰水或冰袋冷敷伤处，持续15～20分钟，在24小时内间隔冷敷3～5次。热敷或喷洒药物应在受伤24小时后，可喷洒止痛、活血化瘀的气雾药品。

（3）加压包扎（Compress）：用纱布绷带在受伤部位加压包扎可减轻水肿，怀疑是骨折时需用夹板固定受伤部位。

（4）抬高肢体（Elevate）：抬高受伤肢体，可以减少出血、缓解肿胀等症状。

五、预防措施

（1）不要让婴幼儿离开保教人员视线。

（2）不要安排婴幼儿进行剧烈的运动和游戏。

（3）托幼园所内的楼梯、台阶要安装防滑条，提醒婴幼儿上下楼梯应注意安全，不能嬉戏打闹。

（4）应特别注意有过扭伤经历的婴幼儿的安全，以防再次扭伤。

（5）注意其他危险因素，比如：在洗手池前和楼梯处放上防滑垫；对婴幼儿经常活动的场地提前检查是否安全，如地面是否平整。

小贴士

冷敷的基本知识：冷敷的原理是使受伤部位血管收缩，减少出血。婴幼儿肢体扭伤后可采取冷敷的方法，用2块小毛巾浸泡在冷水中交替使用，每隔2~3分钟替换一次毛巾。或用热水袋灌入2/3袋冷水，去除多余气体，放置于扭伤部位，接触皮肤有凉感，达到冷敷的作用。冷敷的时间在1小时左右即可。

热敷的基本知识：若发生扭伤24小时后局部仍有红肿、疼痛，可改用热敷。热敷的原理是扩张血管，促进血液循环，促进康复。

应注意：先冷后热。受伤24小时内冷敷，可减缓炎性渗出，有利于控制肿胀，之后转为热敷，可加速血液循环。两者顺序不可颠倒，否则会加剧炎性渗出，导致剧烈肿胀，而且伤处恢复较慢。

若是轻度扭伤，可冰敷并施以压迫性包扎，抬高患肢。若属较严重的扭伤，则应及时送往医院救治。

扭伤痊愈前不可继续运动，不可用力按摩、搓揉，以免加重损伤或造成陈旧性伤害，使关节扭伤反复发作。

扭伤处若出现皮肤擦伤，不能使用红花油、活络油等，防止对伤口造成刺激感染。

实训任务

小组内模拟婴幼儿扭伤的应急处理步骤。

任务检测

一、知识检测

1. 选择题

（1）婴幼儿运动时踝关节扭伤，出现肿胀或青紫色淤血。以下正确的处理办法是（　　）。

A. 按揉　　　　　　　　　　　B. 热敷

C. 冷敷　　　　　　　　　　　D. 消毒

（2）以下哪种情况容易导致婴幼儿发生扭伤？（　　）

A. 缓慢行走　　　　　　　　　B. 小心上下楼梯

C. 奔跑时突然转向　　　　　　D. 安静地坐着

（3）扭伤后加压包扎的目的是（　　）。

A. 增加出血　　　　　　　　　B. 减轻水肿

C. 加重疼痛　　　　　　　　　D. 造成畸形

（4）扭伤多是由于以下哪种原因导致？（　　）

A. 剧烈运动　　　　　　　　　　B. 睡眠不足

C. 饮食不当　　　　　　　　　　D. 过度休息

（5）关节扭伤后，急救处理的第一步骤是什么？（　　）

A. 休息　　　　　　　　　　　　B. 冷敷

C. 加压包扎　　　　　　　　　　D. 抬高肢体

（6）扭伤后，什么时候可以热敷？（　　）

A. 受伤后立即　　　　　　　　　B. 受伤12小时后

C. 受伤24小时后　　　　　　　　D. 受伤48小时后

2. 判断题

（1）扭伤时皮肤一定会有破损。　　　　　　　　　　　　　　　（　　）

（2）肌肉拉伤时肿胀会很明显。　　　　　　　　　　　　　　　（　　）

（3）扭伤后应充分休息，避免重体力活动。　　　　　　　　　　（　　）

（4）受伤24小时内冷敷，之后热敷，顺序不能颠倒。　　　　　（　　）

二、能力运用

1. 牛牛在幼儿园玩耍时不慎扭伤了脚踝，出现了肿胀、疼痛和淤血的症状。作为保教人员，请详细阐述应急处理步骤和后续的预防措施。

2. 请用思维导图的方式画出扭伤应急处理（RICE）步骤图。

任务 2　异物伤害的应急处理

任务概述

婴幼儿常见的异物伤害包括气管异物、眼、耳、鼻和咽部异物。从生理和行为特点来说，婴幼儿时期正处于人一生中探索和学习的关键阶段，他们总是好奇、好问、好探究。但婴幼儿由于年龄较小，自我保护能力差，安全防范意识弱，容易导致异物伤害的发生。此外，婴幼儿被看护情况、生活环境等也是异物伤害发生的重要因素。

作为保教工作者，必须熟练掌握婴幼儿异物伤害的应急处理过程与预防方法，认真负责婴幼儿的安全保护工作，保障婴幼儿健康成长。

任务目标

1. 熟悉发生气管异物时的表现，知道咽部、外耳道、鼻腔异物的常见原因。
2. 能够详细描述异物伤害的应急处置流程，并能正确处理婴幼儿异物伤害。
3. 加强关爱婴幼儿生命、保护婴幼儿健康安全的责任感，以及冷静、果断地发现问题、处理问题的意识。

子任务一　气管异物的应急处理

任务目标

1. 能说出婴幼儿发生气管异物的原因，识别婴幼儿气管异物的表现。
2. 能根据情景，快速、正确地处理婴幼儿气管异物。
3. 增强对生命的敬畏之心，能够在操作中关心和保护好婴幼儿。

知识点和技能点

- 知识点

1. 婴幼儿海姆立克急救的操作要点。
2. 婴幼儿气管异物发生的原因、表现及预防方法。

- 技能点

1. 实施1岁以内婴幼儿的海姆立克急救法。
2. 实施1岁以上幼儿的海姆立克急救法。

岗位情景

情景一 午餐时的意外

某幼儿园的午餐时间，孩子们正在享用美味的午餐，4岁的明明突然起身，小脸憋得通红，紧接着剧烈咳嗽，说不出话来。其他幼儿察觉到明明的异常情况都围拢过去，李老师见状立即判断明明是被食物卡住了，立即采取行动。李老师首先迅速组织其他幼儿与明明保持距离，确保场地安全，然后对明明实施了食物卡喉的急救处理。李老师迅速的反应和正确的急救措施确保了明明的安全，展现出了其专业能力和关爱之心。

请根据岗位情景内容，完成任务探究中的工作表单。

任务探究

工作表单3-2-1-1

工作情景	午餐时的意外	组别		组长	
		姓名		学号	

1. 该情景中，幼儿园发生了什么事情？为什么会出现这种情况？

2. 在该情景中明明有哪些具体表现？

3. 如果你是保教人员，接下来你会怎么做？

岗位情景

情景二　饭粒进入气管

11个月的唐唐正在吃午饭,他一边吃饭一边摆弄着餐桌上的玩具,李老师提醒他专心吃饭,但唐唐显然对玩具更感兴趣。突然,唐唐不小心将饭粒卡入气管,很快就小脸憋得通红,紧接着剧烈咳嗽起来。李老师见状,立刻放下手中的餐具,快速抱起唐唐,用力拍打唐唐的背部,试图通过拍背的方式将饭粒拍出。

请根据岗位情景内容,完成任务探究中的工作表单。

任务探究

工作表单3-2-1-2

工作情景	饭粒卡入气管	组别		组长	
		姓名		学号	

1. 该情景中,唐唐发生了什么事情?为什么会出现这种情况?

2. 在该情景中唐唐有哪些具体表现?

3. 如果你是李老师,接下来你会怎么做?

学习支持

一、气管异物的原因

1. 牙齿的咀嚼功能尚未成熟

婴幼儿的牙齿发育不完全，咀嚼功能尚未成熟，不能有效地将食物咀嚼成糊状，特别是对于硬质、圆滑的食物（如花生、黄豆等），容易将整粒吞下，增加了食物进入气管的风险。

2. 喉部保护性反射不灵敏

会厌软骨是咽喉部的一块薄片小骨，位于气管入口处，具有阻止异物进入气管的功能。婴幼儿的会厌软骨发育不如成人敏感，若在进餐时哭闹或大声说笑等，会厌软骨无法及时盖住气管，异物容易进入气管。

3. 口中放物的习惯

婴幼儿处于探索和学习的关键阶段，他们喜欢将一些小物品、食物的碎片或其他不应该吞食的物体含在口中，增加了气管异物的风险。

二、气管异物的表现

发生气道异物阻塞时，通常可从呼吸、面色以及肢体行为等多方面进行判断。如果患儿的呼吸道部分阻塞，通常患儿会出现呼吸困难、喘息声异常、剧烈咳嗽不止，脸色发绀等情况。若呼吸道完全阻塞则会出现不能说话、不能咳嗽、不能呼吸，面色青紫，双手本能地做出掐脖子的动作或肢体抽搐，甚至昏迷倒地的情况。

三、气管异物的应急处理

1974年美国医生亨利·海姆立克首次提出关于气管异物梗阻的急救方法——海姆立克法，它通过施加压力来清除阻塞气道的物体，已被广泛应用并被证实是一种非常有效的气管异物梗阻救治方法。

1. 针对1岁以内婴幼儿的海姆立克法

（1）拍击背部：施救者将患儿置于一侧大腿上，一手托住患儿下颌，使患儿面部朝下，头稍微低于躯干。另一手掌根部拍击患儿两肩胛骨下角连线的中点，每秒1次，拍击5次。

针对1岁以内婴幼儿的海姆立克法

（2）冲击胸部：翻转患儿，使其面部朝上，头部略低于躯干。一手食指和中指并拢，连续冲击患儿两乳头连线的中点正下方，每秒1次，冲击5次。

（3）检查异物：检查气管异物是否排出，若未排出，则继续交替进行拍背压胸操作，直至异物排出。

2. 针对1岁以上幼儿的海姆立克法

（1）若患儿意识清醒，采用腹部冲击法。患儿取站立位，双腿分开并弯腰。施救者站立在患儿背后，脚呈弓步状，前脚置于患儿双脚间。施救者两手臂从患儿两腋下前伸并环抱，一手握拳，拳眼放置于患儿肚脐与剑突之间（肚脐以上两横指处），另一手掌加压于拳头上，施救者用力快速做向上、向内的冲击动作。连续冲击，直到异物排出。

（2）若患儿意识丧失，采用仰卧位腹部冲击法。施救者使患儿呈仰卧位，开放患儿的呼吸道，使其头偏向一侧。施救者骑跨在患儿大腿外侧，两手掌根重叠置于患儿肚脐以上两横指处，用掌根快速向内、向上冲击，直至异物排出。

四、气管异物的预防措施

1. 及时消除安全隐患

随时排查和清除婴幼儿活动区域内是否有可放入口中的小件物品或食物等。

2. 做好安全教育引导

帮助婴幼儿养成良好的进餐习惯，安静进餐、细嚼慢咽。同时，教育婴幼儿养成良好的生活卫生习惯，不将小件物品放入口中。

> **小贴士**
>
> 意外伤害是我国0~14岁儿童的首位死因，据调查资料显示，全国每年有超过20万的0~14岁儿童因意外伤害死亡。其中2~3岁儿童的死亡和伤害往往是由于常见的花生、瓜子、果冻等堵塞气道造成的，甚至硬币、钢针、药丸都可能成为伤害孩子的凶器。保育人员需熟练掌握海姆立克急救方法，帮助孩子化险为夷。

实训任务

1. 模拟实施1岁以下婴幼儿海姆立克急救法。
2. 模拟实施1岁以上幼儿海姆立克急救法。

任务检测

一、知识检测

1. 选择题

（1）以下属于婴幼儿发生气管异物时的表现的是（　　）。

A. 咳嗽 　　　　　　　　　　B. 吸气性呼吸困难

C. 憋气，不能说话　　　　　　D. 面色青紫

E. 以上都是

（2）11个月的豆豆在吃饭时，突然剧烈咳嗽，面色通红，疑似气管异物，以下做

法正确的是（　　）。

　　A．将豆豆倒着提起来，上下抖动，排出异物

　　B．将豆豆倒着提起来，拍其背部，排出异物

　　C．让豆豆趴在成人腿上，头部向下倾斜，拍击后背，排出异物

　　D．不做处理，马上将豆豆送往医院

（3）婴幼儿为何容易发生气管异物？（　　）

　　A．婴幼儿牙齿咀嚼功能成熟

　　B．婴幼儿喉部保护性反射灵敏

　　C．好奇心强，喜欢口中放物

　　D．对饭菜不感兴趣

（4）下列哪项措施不能有效预防婴幼儿气管异物？（　　）

　　A．随时排查安全隐患　　　　B．让婴幼儿边玩边吃

　　C．培养良好的进餐习惯　　　D．进行安全教育引导

（5）以下哪种行为会增加婴幼儿气管异物的风险？（　　）

　　A．安静进餐　　　　　　　　B．细嚼慢咽

　　C．口中含小物品　　　　　　D．定时清理口中异物

2．判断题

（1）婴幼儿喜欢将小物品或食物的碎片含在口中，这是他们探索和学习的方式，不必担心。（　　）

（2）保教人员应随时排查和清除婴幼儿活动区域内的小件物品，以预防气管异物。（　　）

（3）在对婴幼儿实施海姆立克法时，拍击背部和冲击胸部的力度越大，异物排出的可能性就越大。（　　）

（4）海姆立克法只适用于婴幼儿，对于成人并不适用。（　　）

（5）婴幼儿发生气管异物阻塞时，应立即给予食物或水，以帮助异物软化并排出。（　　）

二、能力运用

点心时间，中二班的可可突然起身，面色通红，说不出话来，手指不断地伸入口中试图抠出食物。如果你是该班级的保教人员老师，你会怎么做？请描述具体的操作过程。

子任务二　咽部异物的应急处理

任务目标

1. 能说出婴幼儿发生咽部异物的原因，识别婴幼儿咽部异物的表现。
2. 能根据情境正确地处理婴幼儿咽部异物。
3. 具备沉着冷静、有条不紊地处理问题的态度和职业精神。

知识点和技能点

- 知识点

1. 婴幼儿咽部异物的应急处理操作要点。
2. 婴幼儿咽部异物发生的原因、表现及预防方法。

- 技能点

正确实施咽部异物的应急处理。

岗位情景

情景一　一枚硬币引发的"事故"

某幼儿园的户外自由活动时间，孩子们正在愉快地玩耍。其中，4岁的明明和小伙伴在沙水区玩城堡游戏时，在沙坑里发现了一枚闪闪发亮的硬币，就把这枚硬币装进了口袋。户外活动结束后，孩子们在王老师的组织下有序饮水，明明突然表现出异样，表情痛苦，大量流涎。王老师见状急忙上前询问，明明开始大哭起来，同时不断地张嘴示意王老师，王老师便推测可能是明明误吞了什么东西，便嘱咐明明张大嘴巴，仔细观察后未发现异物，但明明依然表情痛苦，王老师立即将明明送往医院。经过医生的仔细查看后判定为消化道异物，检查后发现有一枚硬币卡在食管第二狭窄处。医生表示，若不及时取出，可能会有呼吸困难、窒息等风险，危及生命。

请根据岗位情景内容，完成任务探究中的工作表单。

任务探究

工作表单3-2-2-1

工作情景	一枚硬币引发的"事故"	组别		组长	
		姓名		学号	

1. 该情景中,幼儿园发生了什么事情?为什么会出现这种情况?

2. 在该情景中明明有哪些具体表现?

3. 如果你是王老师,你会怎么做?应该如何预防此类情况发生?

岗位情景

情景二 餐前教育要做好

午餐时间即将到来,孩子们都充满期待。中二班的李老师给小朋友们提前展示了当天午餐的食物图片,并微笑着对孩子们说:"今天我们要吃美味的带鱼哦!带鱼营养丰富,吃了可以让我们的身体更健康。但是,吃带鱼的时候要注意以下几点。首先,要用小勺子把鱼肉挖出来,小心鱼刺。其次,吃鱼的时候要细嚼慢咽,不要说话,防止鱼刺卡到喉咙;万一有鱼刺卡到喉咙,要第一时间告诉老师。最后,吃完鱼后要记得漱口和擦嘴。"说完后,李老师便组织小朋友们去洗手和享用美味的午餐了。

请根据岗位情景内容,完成任务探究中的工作表单。

任务探究

工作表单3-2-2-2

工作情景	餐前教育要做好	组别		组长	
		姓名		学号	

1. 你认为餐前教育的目的是什么?

2. 你认为还有哪些形式可以让餐前教育更有趣、更有效?

学习支持

一、常见的咽部异物及表现

婴幼儿常见的咽部异物有鱼刺、碎骨头、枣核、瓜子、硬币等。异物可存在于上咽部（扁桃体窝或者舌根部）、下咽部（扁桃体下极深面、会厌谷、食管入口）和食管等部位，不同部位的异物取出难度及风险差别较大。婴幼儿常见咽部异物多存在于上咽部，可能会引起婴幼儿咳嗽、恶心、呕吐、吞咽时有明显异物感或刺痛等。

二、咽部异物的应急处理

（1）安抚患儿情绪，让其保持平静状态，避免因哭闹导致异物移位，甚至引起呼吸困难。

（2）嘱咐患儿做到三个"立即"：立即停止吞咽，立即吐出口内食物，立即停止继续进食。

（3）取出咽部异物时，要让患儿保持仰卧头低位，防止异物脱落坠入呼吸道或者进入食道。嘱咐患儿张开嘴巴，用压舌板轻压舌头，暴露舌根、扁桃体。用灯光照射咽部，看清楚异物后用镊子将异物轻轻取出。若异物在深处，不易取出，应迅速送医。

（4）做好后续观察，若患儿平静时无异物感，但吞咽时异物感强烈，经检查未再次发现异物，一般为咽喉黏膜损伤所致。该情况应继续观察1～3天，注意饮食和口腔清洁。若症状未缓解，应及时就医。

三、咽部异物的预防措施

（1）嘱咐婴幼儿日常生活中不能将玩具等小件物品放入口中。
（2）帮助婴幼儿养成良好的饮食习惯，进餐时应细嚼慢咽，不大声说话和大笑。
（3）做好餐前教育，教会婴幼儿带骨头、核等食物的正确吃法。

小贴士

如若发现孩子吞食异物时，家庭自救方法如下：禁饮禁食，鼓励孩子像咳嗽咳痰一样清嗓子咳出异物，不可强制催吐，切忌吞食醋、米饭等食物，以免造成二次伤害。若异物无法自行咳出，应及时就医。

实训任务

模拟婴幼儿咽部异物应急处理过程。

任务检测

一、知识检测

1. 选择题

（1）以下关于婴幼儿咽部异物应急处理的说法正确的是（　　）。

A. 如果是鱼刺卡喉，可以让婴幼儿喝一大口醋，将鱼刺软化

B. 若发生咽部异物，可以让婴幼儿大口喝水，将异物带下去

C. 如果是鱼刺卡喉，若张嘴能观察到，可以轻压舌头取出；若刺卡得较深，要及时送医

D. 若发生咽部异物，可以让婴幼儿嚼一大口馒头咽下去，将异物带下去

（2）容易引发婴幼儿咽部异物安全事故的物品有（　　）。

A. 纽扣　　　　　　　　　　　　B. 鱼刺

C. 小弹珠　　　　　　　　　　　D. 以上都是

（3）婴幼儿进食时发生剧烈咳嗽、面色发绀且无法说话，最可能是以下哪种情况？（　　）

  A．咽部感染　　　　　　　　　B．气道异物阻塞

  C．喉咙划伤　　　　　　　　　D．过敏反应

（4）以下哪种做法有助于预防婴幼儿发生咽部异物？（　　）

  A．让婴幼儿自行玩耍小物件

  B．给予婴幼儿大块、硬质食物

  C．培养婴幼儿细嚼慢咽、安静进食的习惯

  D．咽部异物无需紧张，可等待观察

2．填空题

咽部异物应做到三个"立即"，分别是：

立即：_____。

立即：_____。

立即：_____。

二、能力运用

4岁的唐唐在吃午饭时，不小心被鱼刺卡住，唐唐着急地哭起来，如果你是保教人员，此时你会怎么做？请详细描述处理过程。

子任务三　外耳道异物的应急处理

🎯 任务目标

1. 能说出婴幼儿发生外耳道异物的原因，识别婴幼儿外耳道异物的表现。
2. 能根据情景，正确地处理婴幼儿外耳道异物。
3. 增强职业安全责任意识，能够始终将婴幼儿的生命健康放在首位。

🎯 知识点和技能点

- 知识点

1. 婴幼儿外耳道异物的应急处理操作要点。
2. 婴幼儿外耳道异物发生的原因、表现及预防方法。

- 技能点

正确实施外耳道异物的应急处理。

🎯 岗位情景

情景一　耳朵里的圆珠子

5岁的多多性格活泼，平时跌倒后也不会轻易哭闹。新学期入园时，多多妈妈跟王老师聊起假期里多多发生的事，让王老师感到非常担心和后怕。事情是这样的，一天，多多妈妈给多多洗澡时，发现多多耳朵里塞有小珠子，询问后才知道这是多多几天前玩游戏时无意间塞进耳朵里的，多多妈妈急忙带着多多到医院就诊。医生检查后发现，躲在耳朵里的珠子体积较小，而且很滑，很难取出来，加上多多并不配合，最后在麻醉镇静下才将耳内异物取出，异物竟然是3颗透明的塑料圆珠。医生表示，幸亏多多妈妈发现得及时，不然异物长期在耳道内，造成的损伤及炎症很可能会使多多听力下降。

请根据岗位情景内容，完成任务探究中的工作表单。

任务探究

工作表单3-2-3-1

工作情景	耳朵里的圆珠子	组别		组长	
		姓名		学号	

1. 该情景中，幼儿多多发生了什么事情？为什么会出现这种情况？

2. 该情景中的意外可能会对婴幼儿造成哪些危害？

3. 如果你是王老师，你打算在今后如何预防此类事故的发生？

岗位情景

情景二　虫子飞进耳朵

阳光洒满了幼儿园的户外操场，孩子们正在王老师的带领下享受愉快的散步时光。突然，航航的脸上露出了惊慌的神色，他用手紧紧地捂住右耳，表情非常痛苦。刘老师察觉到了航航的异样，急忙走过去询问，航航说耳朵里不舒服，着急地哭了起来，并不停地用手指掏耳朵。刘老师见状，一边轻声安慰航航不要慌张，一边仔细检查航航的耳朵，确认航航的耳朵里有异物后，迅速联系保健医生，将航航带到保健室进行处理。

请根据岗位情景内容，完成任务探究中的工作表单。

📌 任务探究

工作表单3-2-3-2

工作情景	虫子飞进耳朵	组别		组长	
		姓名		学号	

1. 该情景中，幼儿园发生了什么事情？为什么会出现这种情况？

2. 异物进入外耳道后，婴幼儿可能会有哪些表现？

3. 如果你是刘老师，接下来你会怎么做？你会如何预防此类情况的发生？

📌 学习支持

一、常见的外耳道异物及表现

根据异物的性质，外耳道异物一般分为两种：一种是生物性异物，如小昆虫等；另一种是非生物性异物，包括固体类和液体类。固体类通常有婴幼儿玩耍时塞入的纽扣、豆子、小珠子等；液体类通常有婴幼儿洗头、洗澡、游泳时灌入外耳道的水。

小而无刺激性的异物可能长期存留而无明显症状；较大的异物会引起耳痛、耳鸣、听力下降、反射性咳嗽。昆虫等活物可在外耳道内爬行骚动，引起剧烈耳痛和耳鸣。一般异物位置越深，症状越明显，靠近鼓膜的异物可能会压迫鼓膜，发生耳鸣、眩晕，甚至引起鼓膜及中耳损伤。

二、外耳道异物的应急处理

（1）安抚患儿情绪，让患儿保持平静状态。

（2）生物性异物入耳处理时，可用诱爬的方法。若异物为小昆虫，可用强光接近患儿的外耳道，诱导小虫趋光爬出来。若未见效，应立即送医。

（3）非生物性异物入耳处理时，如果异物是体积较小且离外耳道较近的固体，可嘱咐患儿将头歪向异物侧，轻摇或轻拍患儿的头，使异物滑出；或嘱咐患儿将头歪向异物侧，然后同侧单脚跳跃，将异物跳出。若未见效，应及时送医。

（4）如果异物为洗澡或游泳时灌入的水，可嘱咐患儿将头歪向进水一侧的方向，然后同侧单脚跳，使水流出外耳道后，再用棉签在外耳道内轻轻转动，将水吸干净。

三、外耳道异物的预防措施

（1）教育婴幼儿养成良好的卫生习惯，不挖耳朵，不将花生米、豆子、纽扣、卫生纸、棉球等物体放入耳朵。

（2）加强责任意识，检查婴幼儿是否携带小颗粒物品和玩具。

小贴士

外耳道异物取出的方法应根据异物的大小、形状、性质、位置等而定，不宜贸然用镊子或钳子夹取，以免损伤外耳道皮肤及鼓膜或将异物推向耳道深部。

实训任务

模拟婴幼儿外耳道异物应急处理过程。

任务检测

一、知识检测

1. 选择题

（1）如果（　　　）进入外耳道，可以用倾斜头、单脚跳的动作，让异物滑出。

A．昆虫　　　　　　　　　　　　B．生物性异物

C．植物性异物　　　　　　　　　D．非生物性异物

（2）晨检时，以下哪个物品不允许婴幼儿带入幼儿园？（　　　）

A．玻璃球　　　　　　　　　　　B．积木

C．七巧板　　　　　　　　　　　D．儿童绘本

（3）如果外耳道内的异物是洗澡时灌入的水，应该如何处理？（　　）

A．立即用棉签伸入外耳道擦拭

B．嘱咐婴幼儿将头歪向进水一侧的方向，然后同侧单脚跳

C．尝试用吹风机吹干

D．等待水自然蒸发

（4）以下说法不正确的是（　　）。

A．小而无刺激性的外耳道异物可能长期存留而无明显症状，可以不做处理

B．婴幼儿的外耳道较成人窄，容易引发感染

C．体积较小，位置较浅的外耳道异物，可以用棉签或镊子取出

D．婴幼儿耳部不适时，要先观察婴幼儿耳廓和外耳道的具体情况

2．判断题

（1）外耳道异物可以分为生物性异物和非生物性异物。（　　）

（2）昆虫等生物性异物进入外耳道后，应立即使用杀虫剂进行处理。（　　）

（3）婴幼儿将小物件放入耳朵是好奇心的表现，无需担心。（　　）

（4）洗澡时，家长应确保婴幼儿头部保持直立，避免水流入耳朵。（　　）

（5）外耳道异物靠近鼓膜时，可能会引起听力增强和耳鸣。（　　）

（6）教育婴幼儿不挖耳朵、不将异物放入耳朵是预防外耳道异物的重要措施。

（　　）

二、能力运用

中班的玲玲性格内向，平时喜欢自己安安静静地玩游戏。一天午睡起床时，其他幼儿都在穿衣服，乐乐突然跑过来告诉李老师："老师，玲玲耳朵里有东西。"李老师听后马上过去查看。原来是玲玲睡觉时把衣服上的小珠子塞进了耳朵，午睡后自己正在尝试用手指抠出。如果你是李老师，此时你会怎么做？请详细描述处理过程。

子任务四　鼻腔异物的应急处理

任务目标

1. 能说出婴幼儿发生鼻腔异物的原因，识别婴幼儿鼻腔异物的表现。
2. 能根据情景，正确地处理婴幼儿鼻腔异物。
3. 明确婴幼儿意外伤害应急处理与预防的重要性，积极参与相关知识技能的学习，增强守护婴幼儿健康成长的意识。

知识点和技能点

- 知识点

1. 婴幼儿鼻腔异物的应急处理操作要点。
2. 婴幼儿鼻腔异物发生的原因、表现及预防方法。

- 技能点

正确实施鼻腔异物的应急处理。

岗位情景

鼻腔里的小珠子

王老师平时工作认真负责，始终将婴幼儿的安全放在首位，平时只要有婴幼儿在的地方，她都会认真检查，排除各种可能存在的安全隐患；婴幼儿游戏时，也会留心观察。一天，区角活动时，王老师发现豆豆总是用手抠自己的鼻子，便立即走过去询问情况。只见豆豆神情紧张，在用嘴巴张开呼吸，眼神里还流露出害怕的神情。王老师见状马上把豆豆带来靠窗、光线较好的地方，让豆豆抬起头来，经仔细观察后发现，豆豆鼻子里有东西。王老师用一只手指按住豆豆的一侧鼻孔，嘱咐豆豆用力擤鼻子，豆豆擤了几次后，鼻子里的东西终于喷出来了。原来豆豆鼻子里的东西是豆豆衣服上的一颗珠子。

请根据岗位情景内容，完成任务探究中的工作表单。

任务探究

工作表单3-2-4-1

工作情景	鼻腔里的小珠子	组别		组长	
		姓名		学号	

1. 该情景中,豆豆发生了什么事情?为什么会出现这种情况?

2. 在该情景中豆豆有哪些具体表现?

3. 如果你是保教人员,发现该情景后你会怎么处理?

学习支持

一、常见的鼻腔异物及表现

婴幼儿由于年龄较小,好奇好玩,有时会将豆子、纽扣、珠子等较小的物品塞入鼻中,或因进餐时打喷嚏等导致食物碎渣呛入鼻腔。鼻腔异物不仅影响呼吸,如果不及时将异物取出,还会引起鼻腔炎症、鼻黏膜糜烂等现象。严重时,异物还可能会进入呼吸道,引发气管异物梗阻。

二、鼻腔异物的应急处理

（1）安抚患儿情绪，让患儿保持平静状态，避免哭闹导致异物移位。

（2）让患儿用嘴巴深吸一口气，一手按压住患儿无异物的一侧鼻孔，嘱咐患儿用力擤鼻，使异物随气流排出。若患儿不能用力擤鼻，可刺激一侧鼻黏膜，使患儿打喷嚏，利用喷嚏反射将异物排出。若异物无法排出，应立即送医院处理。不可擅自用镊子夹取异物，以免损伤鼻黏膜或将异物推向鼻腔深处，导致异物落入气管，危及生命。

三、鼻腔异物的预防

（1）教育婴幼儿养成良好的卫生习惯，不挖鼻孔，不将花生米、豆子、纽扣、卫生纸、棉球等小物品塞入鼻腔。

（2）加强责任意识，检查婴幼儿是否携带小颗粒物品和玩具。

实训任务

模拟婴幼儿鼻腔异物应急处理过程。

任务检测

一、知识检测

1. 选择题

（1）以下关于婴幼儿鼻腔异物的处理方式正确的是（　　）。

①用镊子轻轻夹出异物；②按住无异物的鼻孔，用力擤鼻排出；③打喷嚏排出；④若无法自行处理，及时送医院治疗。

A．①②　　　　　B．③④　　　　　C．②③④　　　　　D．①②③

（2）明明是个活泼好动的孩子，他在玩耍时不小心把一颗小豆子塞进了鼻孔里。他开始感到不舒服，左边的鼻孔疼痛难忍。作为保教人员，此时应该采取什么措施？（　　）

A．让明明用手揉捏另一侧鼻孔，帮助小豆子脱落

B．让明明按住另一侧鼻孔，使劲擤鼻涕，使小豆子能随之排出

C．立即带明明去附近的医院寻求专业医生帮助

D．轻拍明明的背部，鼓励他深呼吸，使小豆子自行排出

（3）鼻腔异物若进入呼吸道，可能会引发什么情况？（　　）

A．气管异物梗阻　　　　　　　　B．鼻腔出血

C．鼻窦炎　　　　　　　　　　　D．肺炎

（4）在预防鼻腔异物时，以下哪项措施是不必要的？（　　）

A．教育婴幼儿不挖鼻孔

B．检查婴幼儿是否携带小颗粒物品

C．允许婴幼儿携带自己喜欢的小颗粒玩具

D．禁止婴幼儿将卫生纸等物品塞入鼻腔

（5）鼻腔异物若不及时处理，可能会导致什么后果？（　　）

A．呼吸困难　　　　　　　　　　B．鼻腔炎症

C．鼻黏膜糜烂　　　　　　　　　D．以上都可能

（6）下列措施中，有利于促进婴幼儿鼻腔健康发育的是（　　）。

A．尽量减少婴幼儿户外运动的时间，避免鼻腔受到冷热空气的刺激

B．引导婴幼儿从小不挖鼻孔、不吸鼻涕、不放异物到鼻腔内

C．幼儿园在新装修后未通风彻底便投入使用

D．无论天气好坏，都应确保婴幼儿有2小时的户外运动时间

2．判断题

（1）婴幼儿鼻腔异物只影响呼吸，不会引发其他健康问题。（　　）

（2）鼻腔异物若无法自行排出，应立即送医，不可拖延。（　　）

（3）鼻腔异物应急处理时，可以用镊子夹取异物，但要小心操作。（　　）

（4）鼻腔异物预防中，教育婴幼儿不挖鼻孔是重要的措施之一。（　　）

二、能力运用

自主游戏活动时间，玲玲跑过来跟张老师说，他不小心把衣服上的扣子塞入了鼻孔。假如你是张老师，你会如何处理？请详细描述处理过程。

任务 3　擦伤、扎伤的应急处理

任务概述

擦伤、扎伤是婴幼儿常见意外伤害之一。《幼儿照护职业技能等级标准》（初级）要求照护者具有安全风险识别与处置能力，《国家职业技能标准·保育师》要求保教人员要能够掌握婴幼儿常见伤害类型与预防知识，能预防磕碰伤、挤压伤、跌倒伤、异物伤等常见伤害；同时要掌握婴幼儿基本急救知识，能对婴幼儿常见意外伤害进行初步处理。此外，2023年全国职业院校技能大赛婴幼儿保育赛项规程也将婴幼儿外伤出血的应急处置列为重要比赛内容之一。

作为保教工作者，必须熟练掌握婴幼儿外伤的应急处理过程与预防方法，认真负责婴幼儿的安全保护工作，保障婴幼儿健康成长。

任务目标

1. 能根据伤口的特征（大小、深度、出血情况等）正确评估婴幼儿擦伤、扎伤的程度。
2. 能详细描述婴幼儿擦伤、扎伤的规范处理流程，并能快速、正确地处理婴幼儿擦伤、扎伤。
3. 加强关爱婴幼儿生命、保护婴幼儿健康安全的责任感。

子任务一　擦伤的应急处理

任务目标

1. 掌握婴幼儿擦伤初步处理的规范流程与注意事项。
2. 能根据伤口的特征评估擦伤程度，并快速、正确地处理擦伤。
3. 具备关爱婴幼儿的职业态度和严谨的职业精神。

知识点和技能点

- 知识点

1. 婴幼儿擦伤的应急处理操作要点。
2. 婴幼儿擦伤发生的原因。

- 技能点

婴幼儿擦伤的应急处理。

岗位情景

情景一　乐乐跌倒了

户外运动时，中二班的小朋友们正在张老师的组织下有序进行着"丛林保卫战"的足球游戏。小朋友们都尽情地参与游戏，玩得很开心。但是在分组进行踢球时，乐乐由于跑得太快，没有掌握好身体与球之间的距离，准备踢球时一不小心猛地扑倒在地，导致膝盖处的皮肤出现红印并有轻微出血。乐乐疼痛地捂住膝盖，并大哭起来。张老师见状迅速来到乐乐身边，安抚他的情绪并对伤口进行处理。

请根据岗位情景内容，完成任务探究中的工作表单。

任务探究

工作表单3-3-1-1

工作情景	乐乐跌倒了	组别		组长	
		姓名		学号	

1. 该情景中，乐乐发生了什么事情？为什么会出现这种情况？

2. 在该情景中乐乐有哪些具体表现？伤口的具体情况是怎么样的？

3. 如果你是保教人员，接下来你会怎么做？

岗位情景

情景二　玲玲摔伤了

幼儿玲玲是个活泼的小女孩,在玩滑梯的过程中,由于速度过快,身体失去平衡,从滑梯上摔了下来,膝盖狠狠地撞在了地面上,玲玲忍不住大声哭了起来。李老师见状急忙赶了过来,只见玲玲膝盖磕破了,鲜血迅速渗出,出血量较多。周围的孩子们也被玲玲的哭声吸引,纷纷围了过来。

任务探究

工作表单3-3-1-2

工作任务	玲玲摔伤了	组别		组长	
		姓名		学号	
1. 该情景中,幼儿园发生了什么事情?为什么会出现这种情况?					
2. 如果你是李老师,接下来你会怎么做?					
3. 你认为应该如何预防此类情况的发生?					

学习支持

一、擦伤的原因

擦伤是指皮肤受到刮擦或摩擦而造成的一种浅表伤害。擦伤相对于其他皮外伤来说，损伤程度较浅，外观表现为皮肤表层的摩擦或刮擦，有少量或微量的出血，并且通常能够较快地自然愈合。

婴幼儿容易出现擦伤主要有以下原因：

（1）由于年龄较小，自我保护意识和动作反应相对较差，面临危险时没有及时避开或保护自己。

（2）婴幼儿总是对周围的世界充满好奇心，经常行走和触摸物体，容易不小心与物体发生摩擦或碰撞，导致擦伤。

（3）婴幼儿的运动技能尚未完全发展成熟，平衡和协调能力相对较弱，容易摔倒或撞到物体，引发擦伤。

（4）婴幼儿的皮肤薄嫩，即使轻微的摩擦或刮擦也容易导致擦伤。

二、擦伤的应急处理

外伤出血的
应急处理

1. 安抚情绪

婴幼儿发生擦伤时，可能会因疼痛或受惊引起哭闹和焦虑情绪。作为保教工作者不必惊慌，可先给予婴幼儿关注和适当的抚慰，让他们感到被照顾和安全感。

2. 检查伤口情况

了解擦伤的具体位置，观察伤口的大小、深度、出血情况以及创面是否有残留物等，确认擦伤的严重程度。

3. 防止感染

在处理伤口之前，需清洗双手，保证自己的双手清洁。同时确保伤口周围的环境清洁，避免任何可能导致感染的物质接触伤口。

4. 清洁伤口

若擦伤部位的创伤面小且浅，未出血，用流动的清水将创面冲洗干净即可。若小面积擦伤渗血，可用生理盐水冲洗创面后，用棉签蘸取碘伏消毒伤口（禁用酒精），再用创可贴保护创面。

5. 压迫止血

若擦伤部位的创伤面积较大并伴有出血时，应立即采用压迫止血的方法。首先检查伤口有无异物，然后用干净的纱布或无菌敷料按压在伤口上，压迫10～20分钟止血。对出血较多或较深的伤口，需及时送医。

6. 遮盖伤口

使用无菌敷料或透气性创可贴轻轻覆盖伤口，以防止细菌感染和进一步擦伤。确保敷料覆盖整个伤口，并尽量不要粘贴在伤口上，以免伤口粘连。

7. 记录和报告

将擦伤情况记录在幼儿园的事故报告表上，并通知家长。提供详细的伤口处理信息和下一步的观察建议。

小贴士

若擦伤情况较为复杂或严重，尤其是伤口处有明显的污染物且无法自行清洗掉，受伤部位肿胀、疼痛严重、血流不止或发生在头部、眼部、面部等重要部位时，应该立即送医。

实训任务

1. 模拟婴幼儿擦伤后轻微出血的应急处理过程。
2. 模拟婴幼儿擦伤后出血较多的应急处理过程。

任务检测

一、知识检测

1. 选择题

（1）当处理小面积擦伤并出现渗血时，以下哪个步骤是正确的？（　　）

A. 用生理盐水冲洗创面后，用棉签蘸取碘伏消毒伤口

B. 用流动的清水冲洗干净创面即可

C. 用干净的纱布或无菌敷料按压在伤口上，压迫10~20分钟止血

D. 用绷带包扎伤口，确保伤口覆盖整个区域

（2）处理婴幼儿擦伤时，第一步应该做什么？（　　）

A. 立即送医　　　　　　　　　　B. 压迫止血

C. 安抚情绪　　　　　　　　　　D. 清洁伤口

（3）婴幼儿擦伤后，若伤口渗血，应使用哪种液体冲洗伤口？（　　）

A. 清水　　　　　　　　　　　　B. 碘酒

C. 生理盐水　　　　　　　　　　D. 酒精

（4）婴幼儿擦伤后，以下哪种情况需要立即送医？（　　）

A. 伤口出血但已停止　　　　　　B. 伤口较小且干净

C. 伤口肿胀、血流不止　　　　　D. 伤口已用创可贴包扎

2. 判断题

（1）擦伤是婴幼儿常见的皮外伤之一，通常能够较快地自然愈合。　　（　）

（2）婴幼儿发生擦伤后，应立即送医治疗，以免感染。　　（　）

（3）婴幼儿擦伤后，若伤口较小且干净，可直接用创可贴包扎。　　（　）

（4）婴幼儿擦伤后，若伤口在头部、眼部等重要部位，无论伤口大小都应立即送医。　　（　）

二、能力运用

小班幼儿唐唐户外活动时，不小心摔倒磕破了右侧膝盖，唐唐疼得大哭起来，如果你是唐唐的保教老师，你会如何处理？

子任务二　扎伤的应急处理

🎯 任务目标

1. 掌握婴幼儿扎伤应急处理的科学、规范流程与注意事项。
2. 能根据伤口的特征正确评估扎伤程度，并能快速、正确地处理扎伤。
3. 具备发现问题、分析问题以及有条不紊解决问题的能力。

🎯 知识点和技能点

- 知识点

1. 婴幼儿扎伤的应急处理操作要点。
2. 婴幼儿扎伤发生的原因。

- 技能点

婴幼儿扎伤的应急处理。

🎯 岗位情景

手指扎破了

一天下午，幼儿园的张老师正在组织幼儿进行户外自主游戏。当小朋友们玩得正高兴时，张老师发现有几名幼儿集中在阳阳周围，张老师迅速走过去询问情况。只见阳阳用一只手捂着另一只手，眉头紧皱。张老师询问原因后得知，原来是阳阳在触摸植物时，不小心被植物的刺扎伤了手指。张老师立即对阳阳的扎伤情况进行了处理，随后对植物进行了检查，并移除了有尖刺的植物。同时，张老师借此机会向孩子们普及了有关植物的安全知识，教育他们远离尖刺植物。

请根据岗位情景内容，完成任务探究中的工作表单。

任务探究

工作表单3-3-2-1

工作情景	手指扎破了	组别		组长	
		姓名		学号	

1. 该情景中，幼儿园发生了什么事情？为什么会出现这种情况？

2. 如果你是该幼儿的保教老师，接下来你会怎么做？

3. 你认为应该如何预防此类情况的发生？

学习支持

一、扎伤的原因

扎伤是指尖锐物体戳穿皮肤以及皮下组织造成的创伤。通常导致婴幼儿发生扎伤的物品有尖锐的玩具（如塑料或金属玩具上的尖角、边缘等）、竹刺或木刺、剪刀、铁钉、碎玻璃、铅笔、植物的刺等。

扎伤是婴幼儿常见的皮外伤之一。婴幼儿容易出现扎伤主要是由于对周围的环境充满好奇，但缺乏安全意识和评估危险的能力，以及正确、熟练地使用工具的能力不足。

二、扎伤的应急处理

婴幼儿发生扎伤，一般为浅表伤口，易愈合；若创口较深的扎伤则易发生感染，且若有异物留存在伤口中，会加剧疼痛。婴幼儿发生扎伤后，可做以下处理。

1. 安抚情绪

保教工作者自身需先保持镇定，可先给予婴幼儿关注和适当的抚慰，让他们感到被照顾和安全感。

2. 检查伤口情况

了解扎伤的具体位置、扎伤的原因，评估伤口的大小、深度、出血情况以及伤口是否有残留物等，确认扎伤的严重程度。

3. 清理伤口与异物

用棉签蘸碘伏小心擦拭伤口。若植物的刺等小物体扎入婴幼儿皮肤且滞留在皮肤中，需对创口进行清洁消毒后，用消毒后的针或镊子顺着刺的方向将其挑（拔）出来，并挤出淤血，随后用双氧水对伤口进行消毒。

4. 遮盖伤口

可用无菌纱布蘸干伤口处的水，待伤口干燥之后，使用无菌敷料覆盖伤口，以避免伤口进一步感染。

5. 防止感染

保持伤口清洁和干燥，避免婴幼儿接触到脏污的物品。定期更换伤口敷料，如发现感染迹象（红肿、脓液等），应及时就医。

6. 记录和报告

将擦伤情况记录在托幼园所的事故报告表上，并通知家长。向家长提供详细的伤口处理信息和下一步的观察建议。

小贴士

若伤口较深、较大或嵌入的异物较粗，不可自行拔出，需及时送医治疗；若被铁钉等金属制品扎伤，创口发生感染的风险较大，也需及时送医治疗。

实训任务

模拟婴幼儿扎伤应急处理过程。

任务检测

一、知识检测

1. 选择题

（1）在处理婴幼儿扎伤时，以下哪项步骤是不正确的？（　　）

A．使用酒精消毒伤口

B．使用消毒的镊子将留在伤口中的异物（小物体类）挑（拔）出来

C．使用碘伏对伤口进行消毒

D．清理异物后，可使用无菌敷料覆盖伤口

（2）处理婴幼儿扎伤时，若发现伤口内有植物刺时，应该如何处理？（　　）

A．直接拔出　　　　　　　　　B．用清水冲洗

C．消毒后挑（拔）出　　　　　D．涂抹药膏

（3）婴幼儿扎伤后，若伤口较深，以下哪种做法是不正确的？（　　）

A．立即送医　　　　　　　　　B．自行拔出异物

C．保持伤口清洁　　　　　　　D．定期更换伤口敷料

（4）以下哪种情况下，婴幼儿扎伤需要特别注意并考虑送医治疗？（　　）

A．伤口小且干净　　　　　　　B．伤口流血已止

C．被铁钉等金属制品扎伤　　　D．伤口已用创可贴包扎

（5）处理婴幼儿扎伤时，遮盖伤口的主要目的是（　　）。

A．止血　　　　B．止痛　　　　C．防止感染　　　　D．美观

2. 判断题

（1）扎伤是婴幼儿常见的皮外伤之一，损伤程度一般较深，应及时就医。（　　）

（2）婴幼儿常因好奇心强和自我保护意识较差，不小心与尖锐物体发生摩擦或碰撞，导致扎伤。（　　）

（3）在处理婴幼儿扎伤时，使用碘伏来清洁伤口是正确的做法。（　　）

（4）若婴幼儿发生较深的扎伤并出现感染迹象（红肿、脓液等），应及时就医。（　　）

二、能力运用

小班幼儿明明在户外活动时，不小心被植物的刺扎破了手指。如果你是保教人员，你会如何处理？

任务 4 触电的应急处理

任务概述

电充斥在人们的生活中，操作不慎很容易发生触电。婴幼儿活泼好动，安全意识不强，对生活中的各种事物都充满了好奇心，喜欢用手去抠墙上或有洞洞的地方，当看到插座、插孔这些带有小孔的东西，婴幼儿喜欢用手去探索这些小洞洞，从而引发触电的危险。据统计，婴幼儿因触电死亡的人数占婴幼儿意外死亡总人数的10.6%。因此，保教工作者必须了解专门的防触电知识，帮助婴幼儿规避危险，掌握基本的预防触电措施，以提高婴幼儿的防电自护能力。

任务目标

1. 了解婴幼儿触电的原因，知晓电击伤的典型症状。
2. 能针对性地处理触电情况，对触电的婴幼儿进行急救。
3. 牢固树立安全用电的意识和以婴幼儿为本的理念。

知识点和技能点

- 知识点

1. 婴幼儿触电的原因。
2. 电击伤的典型症状。

- 技能点

1. 正确判断触电急救类型。
2. 根据急救操作流程对婴幼儿进行触电急救。

岗位情景

情景一　恐怖的广告牌

小班幼儿兜兜在户外和小朋友玩耍时，捡到了一根铁钉，并将它戳进旁边漏电的广告牌，结果触电倒地。旁边的小朋友乐乐关心地上前摇动兜兜，结果也随即倒地。如果你是保教人员，你会如何对兜兜和乐乐进行触电急救？

请根据岗位情景内容，完成任务探究中的工作表单。

任务探究

工作表单3-4-1

工作情景	恐怖的广告牌	组别		组长	
		姓名		学号	

1. 情景中，幼儿园发生了什么事情？为什么会发生这种情况？

2. 该意外是由什么原因引起的？举例说明应该如何预防。

原因分析：

举例说明：

岗位情景

情景二 湿手触摸电源

幼儿园晚接班的幼儿红红，独自一人在班里看电视，电视看到一半时她突然想去厕所，随后她上完厕所洗了下手，但没有擦手就朝着电视机的方向奔去，此时刚好动画片结束了，于是她想要关闭电视机，就用湿湿的手去按插座的开关，结果随即触电倒地。

请根据岗位情景内容，完成任务探究中的工作表单。

任务探究

工作表单3-4-2

工作情景	湿手触摸电源	组别		组长	
		姓名		学号	

1. 该情景中,幼儿园发生了什么事情?为什么会发生这种情况?

2. 该环节是由什么原因引起的?举例说明应该如何预防。

原因分析:

举例说明:

学习支持

一、婴幼儿触电

触电,又称电击伤,是指在自然环境中遭遇雷击、高压设备放电或接触了漏电的电器等原因,电流接触人体后,引起的机体损伤和功能障碍,电能在体内转化成热能,还可引起人体组织器官不同程度的烧伤。

二、婴幼儿触电的危害及观察

1. 婴幼儿触电的危害

轻度的电击伤会导致婴幼儿出现面色苍白、头晕、心悸、四肢无力。触电的肢体可能会出现麻木,或轻度的肌肉痉挛,同时可能会引起机体组织损伤,电击部灼伤、抽搐、昏迷等并发症，严重时会导致呼吸、心搏骤停等。

2. 婴幼儿触电的观察

（1）观察婴幼儿有没有因触电引起呕吐、体温升高、腹泻等，如有以上情况，须及时就诊。

（2）当婴幼儿受到电击伤时，需观察其灼烧部位有无异常，同时排查血常规、生化检查、脑电图等。排查婴幼儿是否会因触电诱发一些潜在病变。

 小贴士

安全用电知识

1. 不用湿手或金属制品去接触、试探电源插座内部。
2. 不用湿布擦拭电器。
3. 电器使用完毕后应拔掉电源插头，插拔电源插头时不要用力拉拽电线，以防电线的绝缘层受损造成触电。
4. 如发现电线的绝缘皮剥落，要及时更换新线或者用绝缘胶布包好。
5. 不随意拆卸电源线路、插座、插头等。
6. 托幼园所内不私拉电线，乱接插头。
7. 及时关灯，以免灯具和线路发热引起火灾。
8. 爱护用电设备，不随便搬动、毁坏电器开关。
9. 发生人员触电事故时，在保证救护者本身安全的同时，须先设法关闭电源，或用木棍等将触电人与带电设备分离。

三、婴幼儿触电急救知识

（一）常见触电原因及预防措施（表3-4-3）

表3-4-3 常见触电原因及预防措施

序号	常见触电原因	预防措施
1	好奇心驱使，婴幼儿用手指或者别针、钉子去试探"插孔上的小黑洞"，导致触电	• 用简单易懂的话语告知婴幼儿什么是电，并提醒婴幼儿所有电源插座都不要用手去摸 • 教育婴幼儿不能将物体插入插座 • 家园合作——托幼园所安装适用于儿童的安全插座，并提醒家长在家安装适用于儿童的安全插座
2	力气较小，婴幼儿试图插拔插头却拔不掉而触碰到插头或漏电电器，导致触电	• 插座至少安装在1米以上高度 • 教育婴幼儿不能随意插拔、拆卸插座、插头，更不能单独触碰裸露的电线，操作电力线路 • 家园合作——托幼园所不将电线随意散落在房间，如果电线有破损马上换掉，并提醒家长不能将电线随意散落在房间

续表

序号	常见触电原因	预防措施
3	户外活动过程中（如放风筝、同伴嬉闹等），玩具导电导致婴幼儿触电	• 教育婴幼儿不能触碰户外电线、落地线、高压线等带电设备 • 教育婴幼儿认知"有电危险"等标志牌 • 教育婴幼儿如遇小伙伴触电，不能徒手去救（或触碰），要立即告知老师或其他大人，用不导电的棍棒拨开电线

（二）婴幼儿触电急救操作流程

1. 切断电源

在确保自身安全的情况下，立即切断电源，如果找不到电源开关，可利用绝缘的物品，在不接触婴幼儿的情况下，将与婴幼儿接触的有电物品移开（仅适用于家用220伏电压的处理措施，须评估环境是否安全）。

触电的应急处理

2. 判断生命体征

让婴幼儿保持平卧状态，观察婴幼儿的呼吸心跳和意识，并同时拨打120急救电话。

3. 进行心肺复苏

若婴幼儿出现呼吸、心跳停止（颈动脉无搏动），须进行心肺复苏抢救。

（1）胸外按压。胸外按压时，一只手扶住婴幼儿的头部，另外一只手的食指和中指并拢，在婴幼儿的两乳连线中点下方进行按压，按压深度在婴幼儿胸壁厚度的1/3左右，按压的频率是每分钟至少100次，按30下后进行人工呼吸。

（2）开放气道。让婴幼儿面朝上平卧，一只手放在额头上将头略微后仰，另一只手将下颌轻轻抬起，使其口鼻的延长线和胸腹处于两条平行线。

（3）人工呼吸。婴幼儿的口鼻比较小，急救时可以对其进行口对口（鼻）的通气。每次通气时间是1秒钟，通气的量以其胸腹部有明显的起伏即可，切忌将成人的一整口气都吹到婴幼儿的肺里，不然会对其造成损伤。

实训任务

小组合作模拟急救操作流程。

任务测试

一、知识检测

1. 选择题

（1）婴幼儿触电后可能会出现哪些症状？（　　）

A. 面色苍白　　　　B. 头晕　　　　C. 心悸

D．四肢无力　　　　　E．以上都是

（2）以下哪种行为可能会导致婴幼儿触电？（　　）

A．用湿手接触电源插座　　　　B．用金属制品试探电源插座内部

C．用湿布擦拭电器　　　　　　D．以上都是

（3）如果发现电线的绝缘皮剥落，应该怎么做？（　　）

A．及时更换新线　　　　　　　B．用绝缘胶布包好

C．用布包好　　　　　　　　　D．以上都不对

（4）如果婴幼儿触电，保教人员应该怎么做？（　　）

A．徒手去救　　　　　　　　　B．用不导电的棍棒拨开电线

C．打120急救电话　　　　　　D．自己跑开

2．判断题

（1）婴幼儿可以随意拆卸电源线路、插座、插头等。（　　）

（2）电器使用完毕后应拔掉电源插头，插拔电源插头时不能用力拉拽电线。
（　　）

（3）托幼园所内可以私拉电线，乱接插头。（　　）

二、能力运用

1．3岁的东东因贪玩将手指伸入插孔内导致触电，此时应该如何处理？你认为应如何预防婴幼儿触电？

2．结合专业优势，为预防婴幼儿触电安全事故创编一首防触电的安全儿歌。

任务 5　溺水的应急处理

🎯 任务概述

婴幼儿溺水主要发生在生活中的脸盆、浴盆与浴缸、室内水缸及托幼机构的水池等地，为避免婴幼儿出现溺水安全事故，造成无法挽回的伤害，托幼园所的保育人员需掌握婴幼儿溺水急救处理的方法，并采用适宜的方式对婴幼儿进行安全教育。

🎯 任务目标

1. 掌握婴幼儿溺水急救处理的方法。
2. 能正确判断溺水婴幼儿的生命体征，采用正确、科学的方法对溺水婴幼儿进行急救处理。
3. 能运用儿歌、绘画等方式对婴幼儿进行防溺水安全教育。
4. 尊重婴幼儿的生命价值，增强对生命的敬畏之心。

🎯 知识点和技能点

- 知识点

1. 掌握婴幼儿溺水急救处理的步骤与方法。
2. 知道婴幼儿防溺水安全教育的内容和方法。

- 技能点

1. 能正确判断溺水婴幼儿的生命体征。
2. 能对无心跳、无呼吸的婴幼儿采用心肺复苏技术进行紧急急救。

🎯 岗位情景

情景一　爱玩水的菲菲

一天，幼儿园小班进行户外活动后何老师因需提前进行餐前消毒，先行回到教室。此时幼儿菲菲看见幼儿园户外的水池，高兴极了，便独自跑过去玩起了水。户外活动结束后，何老师组织班级幼儿进行餐前洗手时，才发现菲菲不见了，于是立即到户外寻找菲菲，结果发现菲菲正在水池里哭喊。如果你是何老师，你会如何对菲菲进行溺水急救？

请根据岗位情景内容，完成任务探究中的工作表单。

任务探究

工作表单3-5-1

工作情景	爱玩水的菲菲	组别		组长	
		姓名		学号	

1. 该情景中,幼儿园发生了什么安全事故?为什么会出现这种情况?

2. 作为保教人员,你认为应该如何预防以上事故的发生?

岗位情景

情景二 掉进水池的果果

一天,大一班的果果在幼儿园的水池边玩耍,被同伴丝丝不小心推到了水池中,由于水池许久未清理,池中存有一些杂草和树叶,导致果果口鼻中吸入了一些异物。何老师发现此现象后,立即将果果从水池中捞出,并按压果果胸口进行控水。你认为何老师对果果急救的应急处理措施是否适宜?

请根据岗位情景内容,完成任务探究中的工作表单。

任务探究

工作表单3-5-2

工作情景	掉进水池的果果	组别		组长	
		姓名		学号	

1. 该情景中,幼儿园发生了什么安全事故?为什么会出现这种情况?

2. 作为保教人员,你认为应该如何预防以上事故的发生?

3. 你认为应该采用哪种应急处理措施?

学习支持

一、婴幼儿溺水的原因及生理表现

当发现婴幼儿溺水后,对婴幼儿进行正确的紧急急救刻不容缓。作为保教人员,需熟悉婴幼儿出现溺水事故的原因与生理表现,避免溺水安全事故的发生。

1. 婴幼儿溺水的原因

(1)保教人员或家长安全责任意识不强。

(2)婴幼儿天性喜欢水,喜欢游泳、戏水,但由于年龄特点与认知水平有限,安全意识和自我保护能力不足。

2. 婴幼儿溺水的生理表现

（1）轻度溺水：吸入或吞入少量液体，血压升高，心率加快，有意识。

（2）中度溺水：水进入消化道或呼吸道，剧烈地咳嗽、呕吐、呼吸急促、意识模糊、心率变慢。

（3）重度溺水：昏迷、面色发青、呼吸心跳微弱或停止。

二、婴幼儿溺水的应急处理流程

（1）发现婴幼儿溺水后，应立即进行紧急呼救，并拨打120急救电话。

（2）立即清除溺水婴幼儿口、鼻内的污物，解开衣领衣扣，保持呼吸通畅。

（3）检查溺水婴幼儿有无外伤，若头部或颈部有外伤应避免搬动。对于无外伤的婴幼儿，应使其保持侧卧位，等待救援。

（4）观察溺水婴幼儿的呼吸与心跳情况，如出现昏迷、无呼吸有脉搏的现象，应进行人工呼吸，脉搏心跳即可迅速增强。如出现昏迷、无呼吸无脉搏的现象，应立即进行心肺复苏，持续到婴幼儿呼吸脉搏恢复即可。

三、婴幼儿溺水的预防措施

（1）户外活动，务必保证所有婴幼儿均在保教人员的视线范围内。

（2）教育婴幼儿不小心溺水后进行自救的方法：

①屏住呼吸，放松全身，让身体自然上浮。

②把头向后仰，使口鼻露出水面，并甩掉身上的重物。

③寻找身边的漂浮物（如木头、树枝等），借助它们的浮力让身体浮在水面，寻找机会抓住建筑物、大树等物体。

（3）加强对婴幼儿防溺水的安全教育，教育婴幼儿做到以下"六不"：

①不私自下水游泳。

②不擅自与他人结伴游泳或戏水。

③不在无家长或教师的带领情况下游泳或戏水。

④不到无安全设施、无救援人员的水域游泳或戏水。

⑤不到不熟悉的水域游泳或戏水。

⑥不擅自下水施救。

小贴士

溺水患儿是否需要控水呢？其实无需通过任何手段去除患儿呼吸道中的水。具体原因如下：①控水的动作极少能控出肺中的水分，而进行心肺复苏后，通过循环往复，可将肺中的水分吸收到血液循环中。②由于控水推迟了通气开始的时间，会增加呕吐现象，从而增加死亡的风险。

实训任务

溺水应急处理演练

一、任务目标

依据2023年全国职业院校技能大赛婴幼儿保育赛项规程的要求，学生通过实际操作，能够正确判断溺水婴幼儿的生命体征，并采用正确、科学的方法对溺水婴幼儿进行急救处理。

二、任务描述

幼儿牛牛因玩水不小心掉进了幼儿园的水池，当保教人员将牛牛救出时，牛牛已经失去知觉，丧失意识。此时保教人员应该如何处理？

三、任务实操

针对牛牛无呼吸、无心跳的情况，宜采用心肺复苏技术进行急救处理。急救步骤如下：

（1）评估。触及颈动脉，口数1001、1002、1003、1004、1005、1006、1007，检查患儿颈动脉有无搏动；观察患儿胸部起伏5～10秒，判断是否有呼吸（若颈动脉无搏动，无自主呼吸，则进入下一步实施）。

（2）呼救。大声呼喊求助，并拨打120急救电话。

（3）转运。将患儿平躺在地面或转运至硬板床上，采取平卧位姿势，保证颈椎无损伤，头、颈、躯干在同一轴线上。

（4）松衣。解开患儿衣领，松解裤带。

（5）胸外心脏按压。在胸骨中下1/3交界处，采用单手按压法进行按压。将一手掌根部放置于患儿双乳头连线中点的胸骨处（胸骨下半部），肘关节伸直，保持前臂与患儿胸骨垂直，快速、垂直地向下按压，使胸骨下陷4～5厘米，按压频率约为100次/分。

（6）清除异物。清除患儿口、咽、鼻的分泌物或呕吐物，用抬头仰颌法打开气道。

（7）呼吸。对于婴儿，采用口对口鼻吹气，用嘴含住患儿的口、鼻进行吹气，以2～3秒间隔一次，注意吹气时不可太用力；对于幼儿，采用口对口吹气，施救者深吸一口气，捏住患儿鼻孔，嘴巴包住患儿的嘴进行吹气，保持其头部后倾，同时观察患儿胸廓起伏，吹完一口气后，放开患儿鼻孔，使患儿自然呼气，排出肺内气体。单人心肺复苏患儿时，胸外按压与人工呼吸比例为30∶2，若双人心肺复苏则为15∶2，吹气的频率为8~10次/分。

（8）循环。按照胸外心脏按压、口对口吹气的操作程序完成5次循环。

（9）检查。触及颈动脉搏动与观察呼吸情况，运用手电筒检查患儿瞳孔，当患儿面色、耳垂、唇色、皮肤、甲床由发绀变得红润，表明初期心肺复苏有效。

（10）转运。整理衣物，将患儿头偏向一侧，呈复苏体位，并迅速转运至医院做进一步检查。

四、实操注意事项

（1）对患儿进行正确的胸外心脏按压。

（2）急救中注意患儿的保暖并及时就医。

（3）急救成功后需关注患儿的情绪状态。

任务检测

一、知识检测

1．选择题

（1）以下关于对溺水婴幼儿的应急处理，做法正确的是（　　）。

A．发现婴幼儿溺水后，应立即下水施救

B．立即清除婴幼儿口、鼻内的污物，解开衣领衣扣

C．对于无外伤婴幼儿，应保持坐姿，等待救援

D．发现溺水婴幼儿无呼吸有脉搏，应进行心肺复苏

（2）婴幼儿溺水后应抓紧时间救护，救上岸后，正确的操作步骤是（　　）。

①检查呼吸、心跳

②根据呼吸、心跳的情况进行口对口人工呼吸、胸外心脏按压

③迅速清除口鼻内的淤泥、杂草，松解内衣、裤带

④检查有无外伤

A．③④①②　　　B．④③①②　　　C．①②③④　　　D．④③②①

（3）对1岁以内的婴儿进行胸外心脏按压时，右手用2个手指按压（　　）。

A．胸骨偏上方　　B．胸骨偏下方　　C．胸骨偏左　　D．胸骨偏右

（4）对1~8岁儿童做胸外心脏按压，用手掌根部按压胸骨偏下方，使胸骨下陷（　　）左右。

A．1厘米　　　　B．2厘米　　　　C．5厘米　　　　D．3.5厘米

2．判断题

（1）胸外心脏按压法只适用于急救1岁以上的儿童。（　　）

（2）溺水者救上岸后的应急措施：迅速清除其口鼻内的淤泥杂草，松解内衣、裤带，倒提婴幼儿为其控水，检查呼吸心跳并做心肺复苏。（　　）

（3）为了争分夺秒地抢救生命，把溺水者救上岸后的第一步是进行人工呼吸。
（　　）

（4）由于婴幼儿喜欢游泳、戏水，夏季炎热时可让婴幼儿自主前往泳池游泳。
（　　）

二、能力运用

（1）小组分角色模拟，对溺水婴幼儿进行紧急急救。

（2）为预防婴幼儿溺水，请结合专业特长创编一首防溺水的儿歌。

任务 6　烧烫伤的应急处理

任务概述

婴幼儿的生活环境日趋复杂，引起烧烫伤的危险因素也逐渐增加。对于托幼园所的教师来说，了解如何正确预防、处理婴幼儿烧烫伤是至关重要的，可以保障婴幼儿的安全和健康。本任务将重点介绍烧烫伤的分类、处理步骤以及预防措施。

任务目标

1. 理解烧烫伤程度的分级。
2. 掌握烧烫伤的正确处理步骤。
3. 了解烧烫伤的预防措施。
4. 学会正确判断烧烫伤深度的分级。
5. 能正确完成婴幼儿烧烫伤的初步处理。
6. 关注婴幼儿烧烫伤后的心理状态，体现专业、冷静的职业态度和关爱、呵护婴幼儿的职业素养。

知识点和技能点

- 知识点

1. 烧烫伤程度的分级。
2. 烧烫伤的正确处理步骤。
3. 烧烫伤的预防措施。

- 技能点

1. 正确判断烧烫伤深度的分级。
2. 正确完成婴幼儿烧烫伤的初步处理。

岗位情景

情景一　被烫伤的花花

小班幼儿花花在幼儿园吃早饭时，手不小心被豆浆烫伤。小青老师见状很紧张，立刻带着花花去找卫生保健老师。当卫生保健老师查看伤情时，花花的小手已经起了水泡。卫生保健老师很快处理好，并委婉地告诉小青老师："其实当时在自来水上多冲一下或抹点肥皂，孩子的手就会没事的。"小青老师很懊恼，同时意识到：掌握烧烫伤的处理方法非常重要，自己一定要多学习。

请根据岗位情景内容，完成任务探究中的工作表单。

任务探究

工作表单3-6-1

工作情景	被烫伤的花花	组别		组长	
		姓名		学号	

1. 该情景中，幼儿园发生了什么事情？为什么会出现这种情况？

2. 婴幼儿被烫伤后一般会有哪些症状表现？

3. 如果你是保教人员，你会怎么做？

岗位情景

情景二 户外活动中的哭声

在一个阳光明媚的下午，幼儿园中班的小朋友们在户外进行自由活动。突然，有哭声从不远处的沙池边传来，李老师迅速跑过去，发现小明不小心打翻了旁边放置的一桶热水，部分热水溅到了他的小腿上，皮肤迅速变红，小明疼得哭了起来。

请根据岗位情景内容，完成任务探究中的工作表单。

🎯 任务探究

工作表单3-6-2

工作情景	户外活动中的哭声	组别		组长	
		姓名		学号	

1. 该情景中，幼儿园发生了什么事情？为什么会出现这种情况？

2. 小明被烫伤后有哪些症状表现？

3. 如果你是李老师，你会怎么做？

🎯 学习支持

一、烧烫伤的定义

烧烫伤是指由于外部热损伤造成的身体皮肤或其他器官组织的伤害。除了开水、火焰等常见热源导致的损伤外，辐射（如紫外线、强光等）、放射（如X射线）、电击（如家用电源、雷电等）、摩擦（如高速擦伤等）或接触化学物质（如强酸、强碱性物质等）等特殊热源引起的损伤也属于烧烫伤。

二、烧烫伤的分级

根据烧烫伤引起损伤的深度,一般分为一度、二度和三度。

一度烧烫伤会伤及皮肤表皮层,一般会出现局部皮肤发红,感到疼痛但没有水泡,愈合后不会留疤痕。

二度烧烫伤会伤及皮肤真皮层,有剧烈的疼痛感,会出现水泡,愈合后会有轻度疤痕。

三度烧烫伤会伤及皮肤皮下组织,没有疼痛感,皮肤干燥没有水泡,愈合后会有疤痕。

三、烧烫伤的原因

烧烫伤的直接致伤热源包括高温液体、高温物体和火焰。其中高温液体烫伤是婴幼儿烧烫伤的首要危险因素,主要指烹饪用水、热汤或其他液体食物、热饮料和洗澡用水等。

婴幼儿烧烫伤主要有以下几个方面的因素。

1. 婴幼儿自身因素

烧烫伤多发生在1~4岁低龄儿童中,这与该年龄段儿童行走步态不稳、好动、好奇心强、对危险识别能力差、没有防范能力等因素有关。

2. 场所风险因素

婴幼儿烧烫伤主要的发生区域是在家中的厨房和客厅,婴幼儿一般会因玩耍时触碰到危险热源而受伤。

3. 日常照护因素

相比于照护人员时刻陪伴在身边的婴幼儿,缺乏照顾或者监护的婴幼儿更容易发生烧烫伤。

四、婴幼儿烧烫伤处理步骤

在面对婴幼儿烧烫伤时,要根据严重程度尽量提前做好准备和紧急处理工作。

烫伤的应急处理

1. 紧急处理

(1)用物准备。冷水、消毒用品(碘伏、碘酒等)、无菌棉签、无菌纱布、无菌棉球等。

(2)远离危险区域。现场的抢救目标是尽快消除引起烧烫伤的源头,脱离现场进行救治。

(3)去除衣物。尽快去除烧烫伤部位的衣物,如果不在第一时间去除衣物,衣物会和坏死的皮肤组织粘连,之后再去除衣物可能会增加创伤。同时,有衣物会影响对具体烫伤部位的判断，消减冷水冲洗或冰敷降温的效果。在去除衣物时要避免暴力，以防造成皮肤更严重的损伤。

2. 创面处理

如果烧烫伤部位有破损，尽量剃净创面及其附近的毛发，擦净周围健康皮肤，使用碘伏或碘酒消毒创面，然后用无菌纱布覆盖，以防伤口发生感染。

3. 及时转送医院

进行简单处理后，及时转送到医院就诊。

小贴士

烧烫伤注意事项

1. 如果衣物着火，切忌奔跑，以免风助火势，也不应大声呼喊，以免引起或加重呼吸道灼伤。

2. 避免用有色药物（如紫药水）涂抹，这类药物会增加医护人员对烧烫伤深度判断的难度。

3. 烧烫伤后的创面比较敏感，也比较脆弱，在处理创面时应动作轻柔。用纱布轻轻拭净污垢或异物，切忌刷洗或用力擦洗创面。

4. 如果是生石灰引起的烫伤，需要先擦除生石灰再用冷水冲洗，以免生石灰遇水发热再次烫伤皮肤。

五、婴幼儿烧烫伤预防措施

（1）在家中合适位置安装烟雾探测器，以提高家庭对于火灾的预警能力。

（2）不要将盛放热液体或者食物的容器放在桌子或者台面的边上，也不要放在高度较低的台面（如咖啡桌）上，以免婴幼儿在附近玩耍时碰倒这些容器引发烫伤。

（3）不要让婴幼儿在热炉灶、加热器或暖气片等旁边玩耍。

（4）在照护婴幼儿时，照护人员不要抽烟、做饭或拿着热的液体（如热饮料或热汤），也不要靠近正在做这些事情的人，以免烟头、热的液体等烫伤婴幼儿。

（5）洗澡前要用手腕内侧或前臂测试水温，浴缸盛好水测好水温后再将婴幼儿放入水中。为了避免烫伤，热水器的最高温度设定应低于45℃。

小贴士

烧烫伤急救应牢记"冲、脱、泡、盖、送"五字原则。

冲：第一时间用大量冷水冲洗烫伤部位20～30分钟，直至没有痛感为止。

脱：脱掉烫伤处的衣服，尽可能让皮肤暴露，如果烫伤严重，不可强行脱衣服，可用冷水冲洗后用剪刀剪开衣服。

泡：将烫伤处浸泡在冷水中20～30分钟，如果起了水泡，不要自行刺破，以防感染。

盖：用干净的纱布轻轻覆盖烫伤处。

送：如果烫伤严重，应及时送医。

实训任务

烧烫伤应急处理演练

一、任务目标

通过实际演练，掌握烧烫伤的分级、应急处理步骤和预防措施，培养应对烧烫伤紧急情况的技能和能力。

二、任务描述

（1）将全班学生分成若干小组，每个小组有2名学生。

（2）每个小组在一个模拟的幼儿园环境中进行演练。

（3）一名学生扮演幼儿，另一名学生扮演保教人员。

（4）保教人员需要观察幼儿的表现，并正确判断出其烧烫伤的级别。

（5）保教人员在判断后需立即采取适当的应急处理步骤，并在必要时寻求医疗专业人员的帮助。

（6）演练结束后，小组成员进行反馈和讨论，共同总结演练中的经验和教训。

（7）撰写反思报告，包括演练中的观察、应急处理步骤的准确性和预防措施的有效性。

三、任务要求

（1）根据烧烫伤的情况，正确判断烧烫伤的级别。

（2）对患儿的烧烫伤面进行初步的处理。

（3）操作顺序正确，操作动作熟练。

（4）操作中注意动作轻柔，安抚患儿情绪。

（5）与家长进行有效沟通。

任务检测

一、知识检测

1. 选择题

（1）以下症状为一级烧烫伤的是（　　）。

　　A．没有疼痛感　　　　　　　　　　B．感到疼痛但没有水泡

　　C．皮肤干燥没有水泡　　　　　　　D．有剧烈的疼痛感，出现水泡

（2）烧烫伤的处理步骤为（　　）。

　　A．冲、脱、盖、泡、送　　　　　　B．冲、泡、脱、盖、送

　　C．冲、脱、泡、盖、送　　　　　　D．送、冲、脱、泡、盖

（3）对烧烫伤患儿的急救措施正确的是（　　）。

　　A．婴幼儿手部被烧烫伤后，烧烫伤面敷用自采的草药

　　B．对于轻微的烧烫伤，涂抹牙膏进行治疗

　　C．婴幼儿被烫伤后，要迅速将烫伤部位的衣服全部脱掉

　　D．第一时间使用冷水连续冲洗烧烫伤部位20～30分钟

（4）下列哪项不属于烧烫伤的定义范畴？（　　）

　　A．开水烫伤　　　　　　　　　　　B．紫外线辐射伤

　　C．摔倒擦伤　　　　　　　　　　　D．强酸接触伤

（5）婴幼儿烧烫伤最常发生的区域是（　　）。

　　A．卧室　　　　　　　　　　　　　B．厨房和客厅

　　C．卫生间　　　　　　　　　　　　D．户外

（6）下列哪项不属于烧烫伤紧急处理中的"用物准备"？（　　）

　　A．冷水　　　　　　　　　　　　　B．酒精

　　C．碘伏　　　　　　　　　　　　　D．无菌纱布

（7）二度烧烫伤的特点不包括（　　）。

　　A．伤及皮肤真皮层　　　　　　　　B．剧烈疼痛

　　C．愈合后不留疤痕　　　　　　　　D．可能出现水泡

（8）冷水冲洗烧烫伤部位的主要目的是（　　）。

　　A．止血　　　　　　　　　　　　　B．减轻疼痛

　　C．带走热量，减轻继发损伤　　　　D．消除感染

2. 填空题

（1）烧烫伤是指由于_____造成的身体皮肤或其他器官组织的伤害。

（2）一度烧烫伤只伤及皮肤_____，一般愈合后不留疤痕。

（3）为了防止婴幼儿烫伤，热水器的最高温度设定应低于_____℃。

3．判断题

（1）在处理烧烫伤时，若衣物与皮肤粘连，应强行脱下衣物。　　　　（　）

（2）生石灰引起的烫伤应先擦除生石灰，再用冷水冲洗。　　　　　　（　）

（3）摩擦伤属于烧烫伤的范畴。　　　　　　　　　　　　　　　　　（　）

二、能力运用

1．午餐时，豆豆不小心将热汤洒在了乐乐的胸口上，乐乐胸口皮肤很快出现了发红的现象。此时保教人员应该如何处理？请写出处理步骤。

2．请设计一个针对家庭中预防婴幼儿烧烫伤的具体措施，并解释其背后的原理或重要性。

项目四 婴幼儿急症的应急处理

项目概述

本项目旨在提供关于婴幼儿急症的应急处理方法。在婴幼儿保育过程中,可能面临婴幼儿晕厥、高热惊厥和小儿癫痫等紧急状况。了解并掌握正确的应急处理方法对于保证婴幼儿的安全与健康至关重要。本项目将详细介绍这些急症情况的症状、处理步骤和注意事项,帮助学生能够迅速、有效地应对婴幼儿急症,保障婴幼儿的安全与健康。

项目目标

① 掌握晕厥、高热惊厥和小儿癫痫等婴幼儿急症的定义和原因。

② 能识别晕厥、高热惊厥和小儿癫痫等婴幼儿急症的症状。

③ 能采取正确的急救措施对晕厥、高热惊厥和小儿癫痫等婴幼儿急症进行应急处理。

④ 明确婴幼儿安全照护工作的重要性与严肃性,责任意识与敬业精神。

任务 1　晕厥的应急处理

任务概述

本任务旨在培养学生在应对婴幼儿晕厥情况时的应急处理能力，以确保婴幼儿的安全与健康。内容符合《幼儿照护职业技能等级标准》（初级）以及《国家职业技能标准·保育师》的相关要求，为学生提供系统化的培训和指导。

任务目标

1. 理解晕厥的定义、原因和症状。
2. 能够快速、准确地判断婴幼儿的症状是否为晕厥。
3. 能够采取适当的应急处理措施，确保婴幼儿的安全和健康。
4. 加强关爱婴幼儿生命、保护婴幼儿健康安全的责任感。

知识点和技能点

- 知识点

1. 晕厥的定义和症状。
2. 晕厥的原因。
3. 晕厥的应急处理步骤。
4. 晕厥后的观察和监护。

- 技能点

1. 快速识别晕厥症状。
2. 正确执行晕厥的应急处理步骤。
3. 观察和监护晕厥后的婴幼儿。

岗位情景

婴幼儿晕厥的应急处理

莉莉是幼儿园的保教老师，在幼儿园的一次户外活动中，她负责照看班级幼儿进行跑步游戏时，小明突然晕倒在地上。莉莉老师立即冲过去查看，此时小明已经失去意识，躺在地上没有动静，脸色苍白，额头上有些汗珠，肌肉看起来松弛，呼吸也变得浅表，几乎没有声音。

请根据岗位情景内容，完成任务探究中的工作表单。

任务探究

工作表单4-1-1

工作情景	婴幼儿晕厥的应急处理	组别		组长	
		姓名		学号	

1. 该情景中，幼儿园发生了什么事情？为什么会出现这种情况？

2. 小明有哪些症状表现？

3. 如果你是莉莉老师，接下来你会怎么做？

学习支持

一、晕厥的定义

晕厥是指突然丧失意识、暂时失去站立或坐立姿势的能力，并伴随短暂的意识丧失。晕厥通常由脑部供血不足引起，导致大脑暂时无法正常运作。

二、晕厥的原因

发生晕厥的原因一般涉及以下几个方面：

（1）血压异常。低血压或突然的血压下降是比较常见的晕厥原因。例如，长时间站立或过快的体位变换可能导致血液无法顺利供应到大脑，从而引发晕厥。

（2）心血管问题。心脏疾病、心律失常或心脏瓣膜问题等会导致血液供应不足，从而引发晕厥。

（3）血糖异常。低血糖（低血糖症）或高血糖（糖尿病酮症酸中毒）都可能导致晕厥。

（4）呼吸问题。缺氧或呼吸困难，如哮喘发作、肺炎等，也可能会导致晕厥。

（5）长时间暴露在高温环境下。高温环境中，身体容易过热，血管扩张，导致血压下降，从而引发晕厥。

（6）环境因素。例如，长时间站立、长时间暴露在拥挤的场所、过度劳累、情绪激动等都可能导致晕厥。

三、晕厥的症状

（1）婴幼儿突然丧失意识，失去站立或坐立姿势的能力。

（2）脸色苍白，可能出现出冷汗的情况。

（3）呼吸变浅或停止呼吸。

（4）肌肉松弛，可能出现眼睛呆滞。

四、婴幼儿晕厥处理步骤

（1）平卧、脚抬高，让婴幼儿头低脚高躺下。

（2）解开婴幼儿的衣领，保持呼吸道通畅，如有呕吐物要及时清理，并将婴幼儿的头转向一侧，以防误吸。

（3）如果患儿没有醒，用拇指按压人中或合谷穴；出现心搏骤停时可进行人工呼吸和胸外心脏按压。

（4）及时就医，如病情严重或持续得不到缓解，初步处理后送至医院。

五、预防措施

（1）主动避免诱因，如久站、情绪激动、突然更换体位、环境闷热等。

（2）每天进行直立训练，可降低血管的顺应性及心肺感受器的敏感性，激活自主神经系统，从而减少站立时血液在下肢蓄积，避免晕厥现象的发生。

（3）干毛巾擦拭四肢可刺激外周神经，从而达到锻炼血管收缩及舒张的功能，促进神经功能的恢复。

（4）识别晕厥先兆，如头晕、恶心、呕吐、出冷汗、视物模糊、听觉变化、面色苍白等。有这些先兆时，及时改变体位使晕厥前兆的症状消失。比如：收缩腹肌、屈膝的动作；交叉双腿的动作；双上臂肌肉收紧、握拳的动作等。

（5）保证适量盐和液体的摄入，必要时口服补液盐。

（6）养成良好的生活习惯，加强身体锻炼，适当增加食物中盐的摄入，保证每天的饮水量及睡眠时间。

> **小贴士**
>
> 婴幼儿晕厥的原因有很多，其中自主神经介导性晕厥较为常见，心源性晕厥最为凶险。对于反复突然晕厥的患儿，应高度重视，及时到医院就诊，确定病因后在医生的指导下进行治疗，预防复发。

> **实训任务**

晕厥应急处理演练

一、任务目标

通过实际演练，掌握晕厥的症状识别、应急处理步骤和预防措施，培养应对晕厥紧急情况的技能和能力。

二、任务描述

（1）将全班学生分成若干小组，每个小组有2名学生。

（2）每个小组在一个模拟的幼儿园环境中进行演练。

（3）一名学生扮演幼儿，另一名学生扮演保教人员。

（4）保教人员需要观察幼儿的表现，并正确识别晕厥的症状。

（5）一旦识别出晕厥症状，保教人员需立即采取适当的应急处理步骤，包括确保幼儿的安全、检查呼吸和脉搏、保持循环等，并在必要时寻求医疗专业人员的帮助。

（6）演练结束后，小组成员进行反馈和讨论，共同总结演练中的经验和教训。

（7）撰写一份反思报告，包括在演练中的观察、应急处理步骤的准确性和预防措施的有效性。

三、任务要求

（1）按照真实情况模拟演练，注重细节和真实感。

（2）根据晕厥的症状，正确识别并采取相应的应急处理措施。

（3）小组成员合作配合，确保演练的顺利进行。

（4）充分总结演练经验，提出改进和进一步加强的建议。

任务检测

一、知识检测

1. 选择题

（1）幼儿园的升旗仪式上，满头大汗的甜甜突然晕倒在地，周围的小朋友乱作一团。这时，一旁的张老师立即对甜甜进行现场救助。下列措施中正确的是（　　）。

A．立即给甜甜喂水

B．立即用指甲按压甜甜的人中穴

C．让甜甜在阴凉处保持平卧，并抬高下肢

D．喝口水喷在甜甜的脸上

（2）幼儿毛毛突发晕厥时，现场的王老师与相关人员的沟通不恰当的是（　　）。

A．"张老师，毛毛晕倒了，我需要您帮忙照看下其他孩子！谢谢！"

B．"毛毛妈妈您好！您的孩子出事了，麻烦您立即赶过来！"

C．"毛毛别害怕，老师会帮助你的，不用担心，你不会有事的。"

D．"小朋友们，毛毛晕倒了，你们不要害怕，她很快就会没事了，你们也很安全。"

（3）下列关于婴幼儿晕厥的预防措施中，表述不正确的是（　　）。

A．导致婴幼儿晕厥的原因比较复杂，但可提前了解婴幼儿健康状况，掌握婴幼儿晕厥病史，提前做好预防措施

B．导致婴幼儿晕厥的原因较为复杂，难以预防

C．通过预防教育可以减少婴幼儿晕厥现象的发生

D．及时治疗相关疾病是预防晕厥的重要措施

（4）以下哪种情况不属于导致婴幼儿晕厥的原因？（　　）

A．血糖异常　　　　　　　　B．心脏疾病

C．呼吸困难　　　　　　　　D．骨折

（5）在预防婴幼儿晕厥方面，以下措施中不正确的是（　　）。

A．主动避免诱因　　　　　　B．盲目增加食物中盐的摄入量

C．进行直立训练　　　　　　D．识别晕厥先兆

2. 判断题

（1）婴幼儿晕厥时，应该立即让其平躺，并尽快送往医院。（　　）

（2）在应急处理步骤中，喂服婴幼儿糖水是为了提高血糖水平。（　　）

（3）当婴幼儿晕厥时，应该把婴幼儿的头转向一侧，以防止呼吸道阻塞。
（　　）

（4）干毛巾擦拭四肢可刺激外周神经，有助于锻炼血管收缩及舒张的功能。
（　　）

二、能力运用

在幼儿园的游戏时间,小班的园园突然感觉不舒服,脸色苍白,出现头晕和呼吸急促的症状。身边的同伴注意到了园园的异常情况,立即呼叫老师前来帮助。假如你是该幼儿园的保教人员,你会如何处理?写出处理步骤。

任务 2　高热惊厥的应急处理

任务概述

高热惊厥是婴幼儿在高热情况下出现的一种急症，婴幼儿惊厥与年长儿的惊厥不同，这种疾病一般不会有典型的大发作，而且各种形式可能会交替出现。发作的时间也是有长有短。惊厥发作时可造成婴幼儿身体受伤，如出牙的婴幼儿咀嚼肌痉挛抽搐可发生舌体咬伤；抽搐时双手握拳，指甲会将手心皮肤损伤；也会因意识丧失而发生摔伤、骨折等现象；抽搐持续时间长者会因体内氧消耗过多而造成机体缺氧或出现大小便失禁等现象。作为保教工作者，了解高热惊厥的应急处理非常重要，以便在出现紧急情况时能够正确采取相应措施。

任务目标

1. 了解高热惊厥的定义、症状和常见原因。
2. 正确识别婴幼儿高热惊厥的症状。
3. 掌握正确的应急处理步骤，包括保护婴幼儿的安全和降低体温。
4. 知道何时寻求医疗帮助，并与家长合作共同应对紧急情况。
5. 能够关爱、尊重婴幼儿，树立正确的婴幼儿安全照护观。

知识点和技能点

- 知识点

1. 高热惊厥的定义、症状和常见原因。
2. 婴幼儿高热惊厥的应急处理步骤。
3. 保障婴幼儿在抽搐过程中的安全。
4. 寻求医疗帮助的时机和方式。
5. 高热惊厥的预防措施。

- 技能点

1. 冷静应对紧急情况，保持清晰的思维。
2. 观察和记录抽搐时间。
3. 提供适当的急救措施，如保护婴幼儿的头部和降低体温。
4. 与家长合作，并向他们提供相关知识和建议。

岗位情景

婴幼儿高热惊厥的应急处理

一天，幼儿园小班的童童出现了发烧迹象，在玩耍中突然出现了双眼上翻、面色口唇青紫、手脚一阵阵抽动、呼之不应的症状，王老师见状立即对童童进行了急救措施，约2分钟后童童终于停止了抽搐，面色口唇转红润，随即将童童送到了医院。

请根据岗位情景内容，完成任务探究中的工作表单。

任务探究

工作表单4-2-1

工作情景	婴幼儿高热惊厥的应急处理	组别		组长	
		姓名		学号	
1. 该情景中，幼儿园发生了什么事情？为什么会出现这种情况？					
2. 童童有哪些症状表现？					
3. 如果你是童童的保教老师，你会怎么做？					

学习支持

一、高热惊厥的定义

高热惊厥是指婴幼儿发热初起或体温快速上升期出现的惊厥，排除了中枢神经系统感染以及引发惊厥的其他急性病，既往也无高热惊厥史。发作时会有意识完全丧失、双眼凝视、斜视或上翻、头后仰、抽搐、呼吸暂停甚至面部或全身青紫等临床表现。高热惊厥是年龄依赖性自限性疾病，总体预后良好。

二、高热惊厥的原因

1. 感染

感染是婴幼儿惊厥比较常见的病因，多见于呼吸系统及消化系统的感染。例如：传染病中夏季、秋季多为细菌性痢疾、乙型脑炎及其他肠道传染病；秋季、冬季节多为流行性脑脊髓膜炎及其他呼吸道传染病，小儿急疹、麻疹等出疹性疾病，中耳炎、肺炎或者接种某些疫苗等均有可能导致婴幼儿高热惊厥。

2. 发作诱因

部分婴幼儿惊厥发作有明显的诱因。例如，原发性癫痫在突然停药、婴幼儿感染体温升高时易诱发惊厥，常发生在体温上升期，体温多在38℃以上，并非一定要高热才会出现抽搐，主要与个体敏感性有关。

3. 其他原因

当婴幼儿维生素D缺乏时可引起低钙血症，还有如中毒（药物或食物中毒、一氧化碳中毒等）及癫痫等情况都可引发婴幼儿高热惊厥。

三、高热惊厥的分类及症状

1. 单纯性高热惊厥

单纯性高热惊厥为全身性对称或部分性不对称发作，一般表现为意识丧失、全身抽动、双眼凝视上方、斜视、发直或上翻、牙关紧闭、口吐白沫、面部或全身发绀。

单纯性高热惊厥一般持续数10秒钟至数分钟，惊厥过后意识恢复较快，无中枢神经系统异常，一次病程只发作1次。

2. 复杂性高热惊厥

复杂性高热惊厥多发生于6个月以下或大于6岁的儿童，多为全面性发作或者局灶性发作，一般表现为意识未完全丧失，面部或肢体局部抽搐，持续时间常超过10分钟，甚至引起惊厥持续状态。一次病程发作超过2次。

四、高热惊厥处理步骤

1. 保持患儿呼吸道畅通

将患儿放在床上或平坦的地板上,解开患儿衣领,使其头偏向一侧,并及时用纸巾或者毛巾清理患儿口鼻分泌物,保持其呼吸道通畅,避免窒息;清理其周围硬物,防止患儿因抽搐发生磕碰。

2. 仔细观察患儿状态,做好记录

仔细观察患儿高热惊厥发作时的状态,包括眼球、面部、肢体活动等情况,做好记录,以便就诊时提供给医生作为参考。

3. 翻转患儿至右侧卧位

当患儿停止抽搐后,将其翻转至右侧卧位,翻转后,注意密切观察患儿意识、呼吸及脉搏等情况,待患儿病情平稳后及时就医。

五、高热惊厥预防措施

(1)帮助婴幼儿安排合理的生活作息,注意休养,保证睡眠充足,根据天气变化随时增减衣服,避免着凉引起上呼吸道感染。

(2)给婴幼儿穿着轻薄、透气的衣物,避免过度穿着或过度覆盖。

(3)确保婴幼儿在发热时补充足够的水分,避免脱水。

(4)在高温环境或发热期间,避免让婴幼儿过度活动或参加剧烈运动,以减少体温的上升。

(5)保证婴幼儿有规律地进食,提供营养均衡的饮食,增强身体抵抗力。

(6)密切观察婴幼儿的体温变化和行为表现,及时发现异常情况并采取相应措施。

 小贴士

物理降温处理方法

温水擦浴:即用温水毛巾擦拭全身,水的温度为32~34℃比较适宜,擦拭颈部、腋下、肘窝、腹股沟等处,使其体表的毛细血管产生扩张、皮肤发热,以利于散热。

注意:每次擦拭时间控制在10~20分钟。擦浴后,应注意观察婴幼儿的皮肤表面有无发红、苍白、出血点、感觉异常;擦拭完毕后,及时擦干皮肤并更换衣物,避免着凉。

小贴士

婴幼儿发生惊厥后的注意事项

1. 不要往患儿嘴里塞任何东西，如食物、水或者药物，以免引起窒息；
2. 不要摇晃患儿，不要强制束缚患儿抽搐的肢体，以免造成肌肉损伤及骨折；
3. 在不能明确患儿病情时，不要对其进行胸外心脏按压；
4. 如果患儿抽搐时间超过5分钟，持续不缓解，需立即送医，送医途中，要注意将口鼻腔暴露在外，伸直颈部，保持气道通畅，并密切观察患儿的面色有无发青、苍白，呼吸有无急促、费力，甚至是暂停。

实训任务

高热惊厥应急处理演练

一、任务目标

通过实际演练，掌握高热惊厥的症状识别、应急处理步骤和预防措施，培养应对高热惊厥紧急情况的技能和能力。

二、任务描述

（1）将全班学生分成若干小组，每个小组有2名学生。
（2）每个小组在一个模拟的幼儿园环境中进行演练。
（3）一名学生扮演幼儿，另一名学生扮演保教人员。
（4）保教人员需要观察幼儿的表现，并正确识别高热惊厥的症状。
（5）一旦识别出高热惊厥症状，保教人员需立即采取适当的应急处理步骤，包括确保幼儿的安全、检查呼吸和脉搏、保持循环等，并在必要时寻求医疗专业人员的帮助。
（6）演练结束后，小组成员进行反馈和讨论，共同总结演练中的经验和教训。
（7）撰写一份反思报告，包括演练中的观察、应急处理步骤的准确性和预防措施的有效性。

三、任务要求

（1）按照真实情况模拟演练，注重细节和真实感。
（2）根据高热惊厥的症状，正确识别并采取相应的应急处理措施。
（3）小组成员合作配合，确保演练的顺利进行。

（4）充分总结演练经验，提出改进和进一步加强的建议。

任务检测

一、知识检测

1. 选择题

（1）高热惊厥一般发生在哪个年龄段的儿童？（　　）

A．生后3个月至5岁　　　　　　B．6个月以下

C．6岁以上　　　　　　　　　　D．任何年龄段

（2）以下哪种情况可能导致高热惊厥？（　　）

A．中耳炎　　　　　　　　　　B．贫血

C．低血压　　　　　　　　　　D．营养不良

（3）单纯性高热惊厥的特点不包括以下哪项？（　　）

A．多发生于6个月以下或6岁以上的儿童

B．惊厥为全身性对称或部分性不对称发作

C．惊厥过后意识恢复较快

D．一次病程只发作一次

（4）高热惊厥应急处理时，当患儿停止抽搐后应翻转至什么体位？（　　）

A．仰卧位　　　　　　　　　　B．左侧卧位

C．右侧卧位　　　　　　　　　D．俯卧位

（5）预防高热惊厥的措施不包括以下哪项？（　　）

A．穿着厚重衣物保暖　　　　　B．保持充足的液体摄入

C．规律进食　　　　　　　　　D．观察和监测体温变化

2. 判断题

（1）高热惊厥一定是在高热状态下才会发生。（　　）

（2）复杂性高热惊厥一次病程发作可能超过2次。（　　）

（3）发生高热惊厥时可以摇晃患儿以唤醒他们。（　　）

（4）高热惊厥是年龄依赖性自限性疾病，总体预后良好。（　　）

二、能力运用

在幼儿园的户外活动场地，突然有一名幼儿出现了高热惊厥的症状：意识丧失，身体抽搐，呼吸不规则等。假如你是该幼儿的保教老师，你会如何处理？写出处理步骤。

任务 3 小儿癫痫的应急处理

任务概述

癫痫是一种常见的神经系统疾病，在婴幼儿中也有发生的可能。对于托幼园所的保教工作者来说，了解如何应对小儿癫痫发作是至关重要的，以保障婴幼儿的安全和健康。本任务将重点介绍小儿癫痫的基本知识、常见症状以及应急处理步骤。

任务目标

1. 理解小儿癫痫的定义和原因。
2. 掌握小儿癫痫的常见症状和表现形式。
3. 学会正确判断小儿癫痫发作的紧急程度。
4. 掌握小儿癫痫应急处理的基本步骤。
5. 了解紧急情况下与家长和医疗机构的有效沟通方式。
6. 遵循职业道德规范，保持爱心与耐心，尊重婴幼儿的个性差异与需求。

知识点和技能点

- 知识点

1. 理解小儿癫痫的定义和原因。
2. 掌握小儿癫痫的常见症状和表现形式。

- 技能点

1. 学会正确判断小儿癫痫发作的紧急程度。
2. 掌握小儿癫痫应急处理的基本步骤。
3. 学会在紧急情况下与家长和医疗机构进行有效沟通。

岗位情景

小儿癫痫的应急处理

小班的小青老师像往常一样组织幼儿离园前的活动。她提醒幼儿如厕后整理着装，然后分组发放插塑玩具，孩子们和老师配合默契。在孩子们自主游戏过程中，小青老师发现幼儿瑞瑞的背影姿态不正常，好像瘫坐在椅子上，她赶紧从门口走到瑞瑞身边，此时的瑞瑞已经目光呆滞，脸色发青，口吐白沫，小青老师赶紧告知主班老师，并采取相应急救措施，同时主班老师打电话通知家长，并将孩子送往就近医院，经了解，瑞瑞有癫痫病史，最近还发作过，家长并没有告知园方。

请根据岗位情景内容，完成任务探究中的工作表单。

任务探究

工作表单4-3-1

工作情景	小儿癫痫的应急处理	组别		组长	
		姓名		学号	

1. 该情景中，幼儿园发生了什么事情？为什么会出现这种情况？

2. 瑞瑞有哪些症状表现？

3. 如果你是小青老师，你会怎么做？

学习支持

一、癫痫的定义

癫痫是指大脑神经细胞反复异常放电，致使暂时性中枢神经系统功能紊乱，主要表现为意识丧失、全身抽搐。如果每次癫痫大发作持续30分钟以上或两次发作的间歇期意识不恢复，称为"癫痫持续状态"。

二、癫痫的分类及原因

1. 原发性癫痫

原发性癫痫是指原因不明的癫痫。这一类癫痫约占儿童癫痫总数的20%，通常找不到外部致病原因，大多与遗传有关，因此也称作隐源性癫痫或遗传性癫痫。

2. 继发性癫痫

继发性癫痫主要是继发于以下疾病：围产期缺氧缺血性脑损伤、先天脑发育畸形、神经皮肤综合征、遗传代谢病、颅内感染、营养代谢障碍及内分泌疾病、脑血管病、外伤、脑肿瘤、脑变性病、中毒性脑病等。

三、小儿癫痫的症状

患儿突然丧失意识，跌倒在地，全身强直性抽搐，头向后仰，上肢屈曲或伸直，握拳、拇指内收，下肢伸直，足内翻。同时，面色青紫、牙关紧咬、口吐白沫、呼吸急促、眼珠上翻、瞳孔散大。多于数分钟后自行缓解。癫痫发作持续时间如果超过20分钟，则可能造成脑水肿。

四、小儿癫痫处理步骤

1. 清理环境

将患儿放置在安全的地方，远离尖锐物品或高处。患儿癫痫发作的时候，通常会出现跌倒或摔伤，所以应及时将患儿身边的硬物挪开，避免发生磕碰。

2. 头放一侧

将正在抽搐的患儿放平，不要垫枕头，保证其呼吸畅通，头歪向一侧，使口腔分泌物自行流出，防止误入气道，引起窒息。

3. 防止咬伤

趁患儿嘴巴未紧闭之前，迅速将清洁的纱布、手绢等卷成长条，垫在患儿上下牙之间，防止其咬伤舌头。若患儿已牙关紧闭，不要强行撬开，防止患儿牙齿松动脱落。

4. 密切观察

患儿癫痫发作的过程中，密切观察其状况，尽快拨打120急救电话，将患儿送往医院进行进一步检查，确定病因，对症治疗。

五、小儿癫痫的预防措施

1. 规律生活

维持正常的睡眠时间和作息规律，提供有规律的饮食，避免过度饮食、低血糖和缺乏营养。

2. 避免诱因

避免过度的体力活动或剧烈运动，保持适当的身体锻炼。避免过度疲劳，给予婴幼儿充足的休息时间，限制或避免触发癫痫发作的刺激，如强光、闪光、忧虑等。

3. 安全措施

提供安全的居住环境，减少事故风险，如安装安全门锁、窗户保护等，在进行水上活动时，确保有成人监护和适当的安全设备。

4. 定期就医

定期带婴幼儿去医院进行体检和咨询，根据医生的建议，正确使用和调整抗癫痫药物。提供情感支持和理解，鼓励婴幼儿积极面对癫痫，促进他们的心理健康。

> **小贴士**
>
> 通常情况下患儿癫痫发作是不需要立即送往医院的，除非遇到以下几种情况：
> （1）发作时间过长（超过5分钟）。
> （2）短时间频繁发作（30分钟内发作3次以上）。
> （3）连续两次以上发作，发作后没有恢复意识。
> （4）呼吸困难、受伤时，或有其他疾病（如糖尿病、心脏病等）。

实训任务

小儿癫痫应急处理演练

一、任务目标

通过实际演练，掌握小儿癫痫的症状识别、应急处理步骤和预防措施，培养应对小儿癫痫紧急情况的技能和能力。

二、任务描述

（1）将全班学生分成若干小组，每个小组有2名学生。
（2）每个小组在一个模拟的幼儿园环境中进行演练。
（3）一名学生扮演幼儿，另一名学生扮演保教人员。
（4）保教人员需要观察幼儿的表现，并正确识别出小儿癫痫的症状。
（5）一旦识别出小儿癫痫症状，保教人员需立即采取适当的应急处理步骤，包括确保幼儿的安全、检查呼吸和脉搏、保持循环等，并在必要时寻求医疗专业人员的帮助。

（6）演练结束后，小组成员进行反馈和讨论，共同总结演练中的经验和教训。

（7）撰写反思报告，包括他们在演练中的观察、应急处理步骤的准确性和预防措施的有效性。

三、任务要求

（1）按照真实情况模拟演练，注重细节和真实感。

（2）根据小儿癫痫的症状，正确识别并采取相应的应急处理措施。

（3）小组成员合作配合，确保演练的顺利进行。

（4）充分总结演练经验，提出改进和进一步加强的建议。

任务检测

一、知识检测

1. 选择题

（1）癫痫是指（　　）。

A．持续存在的神经系统症状

B．发作性抽搐

C．中枢神经系统内存在破坏病变

D．反复发作的神经元异常放电引起暂时性突发性大脑功能异常

（2）对癫痫发作状态婴幼儿的急救，首要处置是（　　）。

A．快速给药，控制发作

B．按压人中

C．详细询问病史

D．保持呼吸道通畅，预防窒息

（3）癫痫发作如果每次持续时间超过30分钟或两次发作的间歇期意识不恢复，则称为（　　）。

A．长期癫痫状态

B．癫痫持续状态

C．重度癫痫发作

D．持续性癫痫状态

（4）继发性癫痫通常是由以下哪种疾病导致的？（　　）

A．糖尿病　　　　　　　　　　　　B．心脏病

C．围产期缺氧缺血性脑损伤　　　　D．高血压病

2. 判断题

（1）原发性癫痫通常指与遗传相关的癫痫，约占儿童癫痫总数的20%。（　　）

（2）癫痫发作时，不建议按住患儿，因为可能会导致肌肉拉伤或骨折。（　　）

（3）癫痫儿童发作过后若昏睡不醒，应尽可能减少搬动，并给予氧气吸入。
（　　）

（4）癫痫儿童发作后，不需要做清理和安慰工作，因为他们很快会恢复。（　　）

二、能力运用

在幼儿园的户外活动场地，王老师发现一名幼儿出现了癫痫的症状：突然丧失意识，跌倒在地，全身强直性抽搐，头向后仰，上肢屈曲或伸直，握拳、拇指内收，下肢伸直，足内翻。同时，面色青紫、牙关紧咬、口吐白沫、呼吸急促、眼珠上翻、瞳孔散大等。此时王老师应该如何处理？写出处理步骤。

参考文献

[1] 戴淑凤. 学前儿童常见病与意外伤害应急处理速查手册[M]. 北京：教育科学出版社，2019.

[2] 雷大成. 儿童意外伤害的防范与现场急救[M]. 北京：中国工人出版社，2020.

[3] 李丹. 儿童急救手册：危急时刻父母应该怎么办[M]. 北京：中国城市出版社，2012.

[4] 崔焱，仰曙芬. 儿科护理学[M]. 2版. 北京：人民卫生出版社，2017.

[5] 郦燕君，贺永琴. 幼儿卫生保健[M]. 北京：北京师范大学出版社，2019.

[6] 薛亦男. 儿童急救常识[M]. 哈尔滨：黑龙江科学技术出版社，2019.

[7] 马洁，韩玛，姬静璐. 学前儿童卫生与保育[M]. 北京：北京师范大学出版社，2019.

[8] 龙景云. 幼儿园班级管理[M]. 北京：首都师范大学出版社，2018.

[9] 张春炬，李芳. 幼儿园安全管理策略[M]. 北京：中国轻工业出版社，2017.

[10] 陈华，张海丽. 幼儿园保育[M]. 2版. 北京：高等教育出版社，2020.

[11] 王东红，王洁. 学前儿童卫生保健[M]. 2版. 北京：高等教育出版社，2020.

[12] 闵捷. 婴幼儿安全照护[M]. 北京：高等教育出版社，2021.

[13] 曹冬. 幼儿园安全管理与教育[M]. 北京：北京师范大学出版社，2015.

[14] 杨广学，张巧明，王芳. 特殊儿童心理与教育[M]. 2版. 北京：北京大学出版社，2017.